Fortalecendo a Integridade Pública no Brasil

CONSOLIDANDO AS POLÍTICAS DE INTEGRIDADE NO PODER EXECUTIVO FEDERAL

OCDE

POLÍTICAS MELHORES
PARA UMA VIDA MELHOR

Este documento e qualquer mapa aqui incluído foi elaborado sem prejuízo do status ou soberania de qualquer território, da delimitação de limites e fronteiras internacionais e do nome do território, cidade ou área.

Por favor, cite esta publicação como:
OECD (2021), *Fortalecendo a Integridade Pública no Brasil: Consolidando as Políticas de Integridade no Poder Executivo Federal*, OECD Publishing, Paris, *https://doi.org/10.1787/5414ae92-pt*.

ISBN 978-92-64-67923-8 (impresso)
ISBN 978-92-64-65483-9 (pdf)

Prefácio

A integridade no serviço público é vital para garantir que os recursos sejam empregados para servir ao interesse público e alcançar os objetivos das políticas de governo. Em última análise, as políticas de integridade buscam promover a aplicação de valores compartilhados e obter mudanças sustentáveis nas culturas organizacionais na administração pública e no comportamento dos servidores públicos. Sem tais mudanças, as políticas de integridade podem acabar existindo apenas no papel ou, na melhor das hipóteses, tornar-se uma forma direta de garantir a conformidade com regulamentos e padrões sem propriedade e comprometimento reais.

As entidades do setor público variam amplamente em termos de seus mandatos, recursos e capacidades, bem como no contexto em que operam e os riscos de integridade que enfrentam. Uma visão estratégica da integridade pública, portanto, evita uma abordagem única para todos os casos, permite que as entidades públicas estabeleçam objetivos relevantes e realistas e prioriza ações com base nos riscos e oportunidades reais de integridade.

No Brasil, um país federativo com uma administração pública complexa e diversificada, implementar tal visão estratégica pode ser um desafio, pois exige a integração de regulamentos e políticas de integridade em toda a administração pública. A partir de então, busca-se garantir que os padrões sejam cumpridos, promover coerência e evitar mensagens contraditórias para servidores públicos, reconhecer as diferenças e permitir que as entidades públicas se adaptem às suas especificidades.

Este relatório faz parte de um projeto em andamento por meio do qual a OCDE apoia a Controladoria-Geral da União (CGU), órgão que lidera as políticas de integridade no âmbito federal, no fortalecimento de suas políticas, métodos e instituições para promover a integridade no Poder Executivo federal. O projeto possui três componentes: uma revisão da metodologia de avaliação de risco de integridade; a aplicação de percepções comportamentais à integridade pública; e o fortalecimento da Unidade de Gestão da Integridade (UGI). Em julho de 2021, durante a implantação desse projeto, o Brasil instituiu o Sistema de Integridade Pública do Poder Executivo Federal (SIPEF) e a UGI passou a ser a unidade setorial desse novo sistema, dirigida pela CGU. Posteriormente, o escopo deste relatório foi ampliado para contemplar não apenas a UGI, mas também o SIPEF e a CGU como seu órgão central.

Este relatório contribui para o trabalho da OCDE de apoio a países na implementação eficaz da *Recomendação da OCDE sobre Integridade Pública*. Ademais, ele fornece recomendações concretas sobre como fortalecer o sistema de integridade brasileiro na esfera federal, aprimorando a coerência e a visibilidade da integridade, a fim de oferecer melhor orientação aos servidores públicos. Dessa forma, suas conclusões e recomendações também podem inspirar outros países que enfrentam problemas semelhantes. Além disso, este relatório propicia uma contribuição para a próxima *Avaliação da OCDE sobre Integridade no Brasil*.

A avaliação foi aprovada pelo Grupo de Trabalho de Altos Funcionários sobre Integridade Pública (SPIO) da OCDE em 11 de novembro de 2021 e desclassificada pelo Comitê de Governança Pública em 03 de dezembro de 2021.

Agradecimentos

O relatório foi preparado pela Divisão de Integridade do Setor Público da OCDE da Diretoria de Governança Pública sob a direção de Elsa Pilichowski, Diretora de Governança Pública da OCDE e Julio Bacio Terracino, Chefe Interino da Divisão de Integridade do Setor Público. O relatório foi coordenado e redigido por Frédéric Boehm. Giulio Nessi, Carissa Munro, Maria Camila Porras, Camila Gomes e Laura Uribe forneceram apoio e contribuições inestimáveis. Alessandro Bellantoni, David Goessmann, Emma Cantera e Claire McEvoy deram pareceres. O relatório foi revisado por pares por Izadora Zubek, da Agência Francesa de Combate à Corrupção (Agence Française Anticorruption, AFA), quem forneceu comentários e contribuições valiosos para fortalecer a análise e as recomendações. A assistência editorial e administrativa foi fornecida por Meral Gedik. A tradução do relatório para o português foi preparada por Pedro Milliet e editada em profundidade por Camila Gomes e Carolina Souto Carballido.

A OCDE agradece ao Ministro da Controladoria-Geral da União (*Controladoria-Geral da União*, CGU), Wagner de Campos Rosário, bem como aos seus servidores, em particular, à Claudia Taya e ao Roberto Cesar de Oliveira Viegas, da Secretaria de Transparência e Prevenção da Corrupção (STPC), ao Pedro Ruske Freitas e à Carolina Souto Carballido, da Diretoria de Promoção da Integridade (DPI), pelo apoio na organização e no levantamento virtual de fatos e pelas muitas discussões frutíferas sobre os resultados preliminares e recomendações ao longo do projeto.

A OCDE também gostaria de agradecer às pessoas e organizações que participaram do processo e forneceram informações valiosas para a preparação do relatório. Em particular, a OCDE agradece o feedback e as informações compartilhadas pela Secretaria-Executiva da Comissão de Ética Pública (SECEP) e pela Unidade de Gestão da Integridade das seguintes entidades federais que participaram do Grupo de Discussão e das entrevistas bilaterais: Agência Nacional de Telecomunicações, Departamento Nacional de Infraestrutura de Transportes, Ministério da Cidadania, Ministério da Mulher, Família e Direitos Humanos, Ministério da Agricultura, Pecuária e Abastecimento, Ministério da Educação, Fundação da Universidade Federal do Maranhão, Instituto Federal de Educação, Ciência e Tecnologia de Santa Catarina, Agência Nacional do Cinema, Instituto Brasileiro de Meio Ambiente e Recursos Naturais Renováveis, Ministério da Infraestrutura, Ministério do Turismo, Secretaria-Geral da Presidência da República, Fundação Nacional de Saúde, Superintendência de Desenvolvimento do Centro-Oeste, Ministério da Economia e Controladoria-Geral da União. Por fim, a OCDE agradece às 30 Unidades de Gestão da Integridade que responderam ao questionário enviado em 2020.

Índice

FIGURAS

TABELAS

Follow OECD Publications on:

http://twitter.com/OECD_Pubs

http://www.facebook.com/OECDPublications

http://www.linkedin.com/groups/OECD-Publications-4645871

http://www.youtube.com/oecdilibrary

http://www.oecd.org/oecddirect/

Sumário executivo

A inclusão de políticas de integridade para garantir sua implementação efetiva em toda a administração pública é um desafio em todos os países. Frequentemente, observam-se lacunas entre o que a legislação ou as políticas de integridade estipulam e o que é colocado em prática nas entidades públicas, dificultando mudanças nas culturas organizacionais e no comportamento dos servidores públicos.

A integridade é responsabilidade de todos os servidores públicos. No entanto, unidades de integridade dedicadas a essa função podem ajudar a superar o desafio de consolidar políticas para promover culturas organizacionais de integridade. A experiência internacional mostra o valor de ter pessoas ou unidades especializadas e dedicadas que sejam responsáveis e respondam pela implementação e promoção de leis e políticas de integridade dentro de suas entidades.

Este relatório enfoca o desafio de consolidar as políticas de integridade em todo o Executivo federal no Brasil, analisando os atuais arranjos institucionais e os esforços, em curso, da Controladoria-Geral da União (CGU), para implementar com eficácia tais políticas. Com base nessa avaliação, o relatório fornece recomendações para fortalecer o Sistema de Integridade Pública no Poder Executivo federal.

Principais descobertas

Reconhecendo o desafio de incorporar políticas de integridade em todos os 186 órgãos e entidades da Administração Pública federal direta, autárquica e fundacional, o Brasil empreendeu duas iniciativas importantes nas últimas décadas para alcançar os diferentes níveis organizacionais. Primeiro, em 2007, esse país estabeleceu o Sistema de Gestão da Ética do Poder Executivo Federal (SGEP). Mais recentemente, e com base nos Programas de Integridade Pública implementados nos 186 órgãos e entidades, com coordenação e monitoramento da CGU em 2017, o Brasil instituiu o Sistema de Integridade Pública do Poder Executivo Federal (SIPEF).

No entanto, a revisão trouxe à luz alguns desafios e áreas para melhorias.

- Em primeiro lugar, a coexistência do SGEP e do SIPEF, possuindo essencialmente o mesmo objetivo, cria complexidade, opacidade e sobreposição de responsabilidades, especialmente na formação e orientação sobre valores, dilemas éticos e situações de conflito de interesses. Na verdade, a revisão concluiu que essa coexistência gera mal-entendidos e confusão entre os servidores públicos.

- Em segundo lugar, os membros das Comissões de Ética - as unidades setoriais do SGEP - atuam temporariamente e, muitas vezes, não tem tempo para desenvolver conhecimentos especializados sobre integridade ou estabelecer relações de confiança dentro de sua entidade pública. Além disso, as Comissões de Ética podem receber relatórios sobre possíveis violações de integridade e emitir reprimendas (*censura*). Esta combinação da função de prevenção com tarefas relacionadas à aplicação de sanções pode criar tensões em seu papel de fornecer orientação e sobrepor-se ao regime disciplinar federal.

- Por fim, o SIPEF constitui uma oportunidade para a CGU revisar sua Secretaria de Transparência e Prevenção da Corrupção (STPC) de modo a evitar sobreposições e esclarecer responsabilidades, atualmente semelhantes à sobreposição entre o Sistema Federal de Gestão da Ética e o Sistema de Integridade Pública. As responsabilidades da Diretoria de Promoção da Integridade (DPI) e da Diretoria de Prevenção da Corrupção (DPC) são confusas e parcialmente coincidentes, o que leva à falta de clareza, ao risco de enviar mensagens confusas, gerar mal-entendidos e um potencial desperdício de recursos escassos.

Principais recomendações

Para enfrentar os desafios identificados, este relatório fornece uma série de recomendações concretas no sentido de fortalecer a promoção de políticas de integridade em todo o Poder Executivo federal e ajudar a construir uma cultura aberta de integridade organizacional.

- A instituição do SIPEF e a revisão em andamento do Código de Ética Profissional de 1994 e do Código de Conduta da Alta Administração Federal de 2000 oferecem uma oportunidade para esclarecer conceitos e agilizar responsabilidades para a promoção de culturas de integridade organizacional no Poder Executivo federal. Em particular, o Brasil poderia considerar transferir do SGEP a responsabilidade de apoiar a ética pública e gerenciar conflitos de interesses para o SIPEF e suas instituições, levando assim ao estabelecimento de um sistema único que evite sobreposições e mal-entendidos. Além disso, o Brasil poderia considerar a ampliação do escopo do SIPEF, aplicando-o a toda a administração pública federal.

- No SIPEF, as Unidades de Gestão da Integridade (UGI) são responsáveis por promover orientações e treinamentos relacionados à integridade pública e por apoiar a gestão de riscos para a integridade. Assim, as UGIs poderiam substituir as atuais funções preventivas das Comissões de Ética, tornando-se unidades dedicadas com quadros de pessoal permanentes e profissionalizados. Isso requer o esclarecimento do arcabouço normativo existente e a atualização das orientações emitidas pela CGU. Além disso, a CGU deveria dar continuidade aos esforços em andamento de fortalecimento do desenho institucional e das capacidades da UGI para cumprir a sua função básica relacionada à prevenção, coordenação, orientação e apoio à integridade pública, incluindo gestão de conflito de interesses, gestão de riscos para a integridade e orientação sobre dilemas éticos.

- A CGU, órgão central do SIPEF, poderia fortalecer a STPC, fortalecendo as tarefas relacionadas à integridade pública e ao SIPEF sob responsabilidade da DPI. Por sua vez, a DPC poderia se basear em iniciativas recentes promovendo pesquisas e explorando o uso de ferramentas inovadoras, análise de dados ou empreendendo projetos de pesquisa com a academia. A CGU poderia considerar o fortalecimento da atual DPC, capacitando-a para torná-la responsável por fornecer assessoria metodológica e de pesquisa a todas as unidades da STPC. Essa reorganização interna pode ajudar a esclarecer responsabilidades, ao mesmo tempo em que promove o desenvolvimento de habilidades especializadas ao longo do tempo.

1 O Sistema de Integridade Pública do Poder Executivo Federal Brasileiro

Refletindo a sua natureza federal e o tamanho do país, o sistema de integridade no Brasil é complexo. Reconhecendo esse desafio, o país introduziu o Sistema de Gestão da Ética do Poder Executivo Federal em 2007 e, em 2021, o Sistema de Integridade Pública do Poder Executivo Federal (SIPEF). Este capítulo fornece um retrato deste sistema e enfoca o desafio de consolidar as políticas de integridade em todo o Poder Executivo federal. O Brasil poderia melhorar significativamente a clareza e a coerência desse sistema, transferindo as responsabilidades de apoiar a gestão da ética pública e o conflito de interesses para o SIPEF e suas instituições. Por sua vez, os aspectos relacionados ao cumprimento de normas devem permanecer separados e o atual arranjo institucional deve ser revisado.

Integridade pública no Brasil: um panorama

A OCDE define integridade pública como o alinhamento consistente e a adesão a normas, valores, princípios éticos compartilhados para defender e priorizar o interesse público sobre os interesses privados no setor público (OCDE, 2017[1]). Um sistema de integridade, seja a nível governamental (nacional e subnacional) ou organizacional, inclui diferentes agentes com responsabilidades de definir, apoiar, controlar e fazer cumprir a integridade pública. Entre eles incluem os agentes "centrais" de integridade, como as instituições, unidades ou indivíduos responsáveis pela implementação de políticas de integridade, mas também os agentes "complementares" com funções de apoio essenciais, tais como finanças, gestão de recursos humanos e compras públicas (OCDE, 2020[2]; OCDE, 2017[1]).

Aos agentes centrais e complementares de integridade são conferidas várias funções, conforme descrito na Tabela 1.1. A atribuição de responsabilidades relacionadas à integridade pública depende da configuração institucional e jurisdicional de um país. Por exemplo, alguns países atribuem responsabilidades fundamentais pela integridade a um órgão central do governo ou a algum ministério importante, enquanto outros a tornarão atribuição de um órgão independente ou autônomo. Normalmente, as funções complementares de integridade são atribuídas às instituições responsáveis pela educação, indústria, sociedade civil e gestão de recursos humanos, bem como instituições supremas de auditoria, agências reguladoras e órgãos eleitorais.

Tabela 1.1. Funções de Integridade

SISTEMA	CULTURA	PRESTAÇÃO DE CONTAS
• Atribuir responsabilidades claras • Garantir mecanismos de apoio à cooperação horizontal e vertical • Projetar e implementar a(s) estratégia(s) de integridade • Monitorar e avaliar a(s) estratégia(s) de integridade • Estabelecer padrões de integridade	• Consolidar a integridade na gestão de recursos humanos (por exemplo, avaliar a isonomia dos sistemas de recompensa e promoção) e gestão de pessoal (por exemplo, integridade como critério para seleção, avaliação e promoção de carreira) • Capacitar e conscientizar ´servidores públicos • Fornecer orientação e aconselhamento • Implementar medidas para cultivar a abertura • Abrir canais e implementar mecanismos para denúncias e proteção a denunciantes • Conscientizar a sociedade • Conduzir programas de educação cívica • Implementar medidas de apoio à integridade em empresas • Implementar medidas de apoio à integridade em organizações da sociedade civil	• Avaliar e gerenciar riscos de integridade • Aplicar auditoria interna • Implementar mecanismos de cumprimento de normas • Efetuar supervisão e auditoria independentes • Empregar o acesso à informação e implementar medidas de governo aberto • Envolver as partes interessadas ao longo de todo o ciclo de políticas • Prevenir e gerenciar conflito de interesses • Implementar medidas de integridade para lobby • Implementar medidas de integridade no financiamento de partidos políticos e campanhas eleitorais

Fonte: (OCDE, 2020[2])

No Brasil, existem vários agentes de integridade, mecanismos de coordenação e uma variedade de legislações e políticas relevantes que abrangem as diferentes funções de um sistema de integridade, conforme descrito na Tabela 1.1. O Quadro 1.1 fornece uma visão geral concisa, focando apenas nos elementos mais significativos. Complexidades adicionais surgem, visto que o Brasil é uma república federativa e um país grande e heterogêneo. O sistema federal brasileiro inclui 26 estados, o Distrito Federal e mais de 5.000 municípios. Cada nível é autônomo para legislar e prestar serviços, desde que não conflitem com as atribuições exclusivamente conferidas ou legisladas pela União. O Brasil também é um dos países mais populosos do mundo, com mais de 200 milhões de habitantes, o quinto maior país do mundo, com um território quase do tamanho da Europa, além de ser uma das maiores economias globais.

Quadro 1.1. Principais agentes de integridade, mecanismos de coordenação e regulamentos na esfera federal no Brasil

Principais agentes de integridade no Brasil

Na esfera federal, o sistema de integridade brasileiro possui vários agentes de integridade "centrais" e "complementares".

- A Controladoria-Geral da União (CGU) é responsável pelo controle interno e auditoria, cumprimento de normas disciplinares, promoção da integridade e transparência no setor público e em toda a sociedade, negociação e monitoramento de acordos de leniência, além de exercer funções de ouvidoria. É o órgão central do recém-criado Sistema de Integridade Pública do Poder Executivo Federal (SIPEF).

- A Comissão de Ética Pública (CEP) atualmente garante o cumprimento do Código de Conduta da Alta Administração Federal e da Lei de Conflitos de Interesses. Coordena e supervisiona o Sistema de Gestão da Ética.

- O Tribunal de Contas da União (TCU) é a instituição suprema de auditoria do Brasil e desempenha um papel vital em garantir a supervisão, previsão e *insights* de políticas públicas, incluindo políticas de integridade.

- O Ministério Público da União tem a responsabilidade de proteger a legalidade, o interesse público e a participação em processos criminais, incluindo aqueles relacionados a infrações de corrupção.

- A Polícia Federal do Brasil está autorizada e tem poderes para investigar casos de corrupção que envolvam fundos ou entidades federais. Para isso, unidades especializadas de combate à corrupção foram implantadas em todo o país.

- A Advocacia-Geral da União (AGU) presta assessoria jurídica ao Presidente sobre a legalidade dos atos administrativos e atua como representante do governo federal em litígios judiciais.

- Por fim, o Conselho de Controle de Atividades Financeiras (COAF) é a unidade competente para receber, examinar e identificar os casos suspeitos de atividades ilícitas previstas em Lei, além de ser o órgão central de prevenção à lavagem de dinheiro e financiamento de terrorismo.

Principais mecanismos de coordenação relevantes para integridade na esfera federal no Brasil

A Estratégia Nacional de Combate à Corrupção e à Lavagem de Dinheiro do Brasil (ENCCLA) constitui o mecanismo de coordenação de políticas nacionais de integridade, anticorrupção e combate à lavagem de dinheiro. Reúne quase 90 agentes dos três poderes e da sociedade civil para facilitar o intercâmbio de boas práticas, bem como o desenvolvimento e a implementação de atividades conjuntas.

O Comitê Interministerial de Combate à Corrupção (CICC), instituído pelo Decreto nº 9.755/2019, assessora a Presidência da República na formulação, implementação e avaliação de políticas de integridade e anticorrupção. Em dezembro de 2020, o Comitê aprovou o Plano Anticorrupção no âmbito do Executivo federal para o período de 2020 a 2025 com o intuito de estruturar e implementar ações de aprimoramento dos mecanismos de prevenção, detecção e sanção da corrupção. O CICC é coordenado pela CGU e atualmente integrado pelos titulares do Ministério da Justiça e Segurança Pública, do Ministério da Economia, do Gabinete de Segurança Institucional da Presidência da República, da Advocacia Geral da União e do Banco Central do Brasil. Um corpo técnico auxilia o CICC e grupos de trabalho podem ser formados para analisar questões específicas.

Por sua vez, o Conselho de Transparência Pública e Combate à Corrupção (CTPCC), instituído pelo Decreto nº 9.468/2018 (atualizado pelo Decreto nº 9.986/2019) e liderado pela CGU, formula diretrizes e propostas sobre transparência, governo aberto e acesso à informação pública, entre outras atividades. Atualmente é integrado por diversos agentes do Executivo federal e por organizações da sociedade civil. O CTPCC também é discutido na próxima *Revisão sobre Governo Aberto da OCDE* (OCDE, em fase de elaboração[3]).

Principais regulamentações sobre integridade pública na esfera federal no Brasil

O Brasil dispõe de vários regulamentos que, juntos, compõem o arcabouço jurídico do país no tocante à integridade pública.

- O Decreto nº 10.756/2021 instituiu o Sistema de Integridade Pública do Poder Executivo Federal (SIPEF) e constitui a base legal para a consolidação das políticas de integridade em todos os órgãos e entidades da Administração Pública federal direta, autárquica e fundacional.
- O Código de Ética Profissional do Servidor Público Civil do Poder Executivo Federal (Decreto nº 1.171/1994) define regras deontológicas, deveres e proibições para os servidores públicos civis do Poder Executivo federal.
- A Lei nº 8.112/1990 regulamenta o regime jurídico dos servidores públicos civis da União, das autarquias e das fundações públicas federais. A lei inclui uma lista de deveres e proibições. Em caso de infração, eles estarão sujeitos a um procedimento disciplinar definido na própria lei.
- A Lei nº 12.846/2013, conhecida como Lei Anticorrupção ou Lei da Empresa Limpa, especifica as obrigações legais civis e administrativas para atos ilícitos cometidos por servidores públicos em benefício próprio, contra a administração pública nacional ou estrangeira.
- A Lei nº 12.813/2013 define o arcabouço normativo em relação a conflitos de interesses no Executivo federal.

Fonte: Com base em entrevistas da OCDE e (OCDE, 2012[4]).

Conforme delineado na *Recomendação da OCDE sobre Integridade Pública*, a variedade de agentes exige o estabelecimento de responsabilidades claras e mecanismos de cooperação. As responsabilidades nos níveis relevantes (organizacional, subnacional e nacional) para projetar, liderar e implementar os elementos de um sistema de integridade precisam ser claras. Além disso, os mecanismos para promover a cooperação horizontal e vertical entre os agentes de integridade e, quando possível, com e entre os níveis subnacionais de governo, apoiam a coerência e evitam sobreposições e lacunas dentro do sistema (OCDE, 2017[1]). Para o Brasil, esses arranjos e desafios serão analisados na próxima *Revisão de Integridade da OCDE* (OCDE, em fase de elaboração[5]), que se baseará no trabalho realizado anteriormente pela OCDE com o Brasil (OCDE, 2012[4]; OCDE, 2017[6]; OCDE, 2013[7]; OCDE, 2020[8]).

Este relatório contribui para essa análise ao realçar o desafio de consolidar as políticas de integridade em todo o Executivo federal no Brasil. Em consonância com a *Recomendação da OCDE sobre Integridade Pública*, essa consolidação deve ir além da conformidade formal com os regulamentos existentes e alcançar uma real mudança comportamental (Rangone, 2021[9]). Em muitos países, frequentemente existem lacunas entre o que a legislação ou as políticas estipulam e o que é posto em prática no trabalho diário de uma entidade pública. Em particular, o desafio envolve traduzir e ancorar padrões em realidades organizacionais para alcançar mudanças efetivas nas culturas organizacionais e no comportamento dos servidores públicos. Este relatório analisa os esforços em andamento da Controladoria-Geral da União (CGU) no sentido de consolidar as políticas de integridade pública em toda a administração pública federal e fornece recomendações concretas para gerenciar riscos de integridade e promover culturas de integridade pública organizacional (OCDE, em fase de elaboração[10]).

Enfrentando o desafio de consolidação na implementação de políticas de integridade pública no Brasil

Integridade é responsabilidade de todos os servidores públicos. Em particular, a liderança de integridade é essencial em todos os níveis para demonstrar o compromisso de uma organização pública com a integridade. Com a função de serem líderes íntegros e de darem exemplo, eles desempenham um papel crucial na promoção eficaz de uma cultura de integridade (OCDE, 2017[1]; OCDE, 2009[11]; OCDE, 2020[2]; OCDE, em fase de elaboração[12]). Por exemplo, na Colômbia, o Modelo Integrado de Planejamento e Gestão (*Modelo Integrado de Planeación y Gestión*, MIPG) exige que os gerentes relatem periodicamente suas ações relacionadas à integridade, transparência e outras questões transversais (Función Pública, 2017[13]). Na França, a alta administração é pessoalmente incumbida e, em última análise, responsável pela implementação e promoção eficazes do programa de integridade de uma organização (Agence Française Anticorruption, 2020[14]).

No entanto, em entidades públicas, agentes dedicados à integridade podem contribuir para superar o desafio de consolidar políticas de integridade com vistas a garantir a sua implementação e a promover culturas organizacionais de integridade. A experiência internacional mostra o valor de ter uma pessoa especializada e dedicada ou uma unidade incumbida e responsável pela implementação interna e pela promoção de normas e políticas de integridade (OCDE, 2009[11]; G20, 2017[15]; OCDE, 2019[16]).

Reconhecendo esse desafio, o Brasil empreendeu duas iniciativas importantes nas últimas décadas:

- Em 2007, o Sistema de Gestão da Ética do Poder Executivo Federal foi estabelecido por meio do Decreto nº 6.029/2007
- Em 2021, o Sistema de Integridade Pública do Poder Executivo Federal (SIPEF) foi estabelecido por meio do Decreto nº 10.756/2021.

Enquanto o Sistema de Gestão da Ética se aplica a todo o Poder Executivo federal, o SIPEF abrange atualmente os órgãos e entidades da administração direta, autárquica e fundacional (Quadro 1.2).

Quadro 1.2. Poder Executivo Federal Brasileiro

A Administração Federal é composta pela Administração Direta e pela Administração Indireta.

A Administração Direta é composta por serviços integrados à estrutura administrativa da Presidência da República e dos Ministérios. A Presidência da República é o órgão supremo e representante independente do Poder Executivo da União, abrangendo todas as atividades administrativas superiores da esfera federal, na política, no planejamento, na coordenação e no controle do desenvolvimento socioeconômico do país e da segurança nacional. Por sua vez, os Ministérios são órgãos autônomos no topo da Administração Federal, localizados logo abaixo da Presidência da República.

A Administração Indireta é composta por entidades do Poder Executivo federal dotadas de personalidade jurídica, patrimônio próprio e com autonomia administrativa e financeira. São elas as autarquias, as fundações públicas, as sociedades de economia mista e as empresas estatais.

Fonte: As informações são da Controladoria-Geral da União, Lei nº 9.784/1999

O Sistema de Gestão da Ética estabeleceu responsabilidades para consolidar a ética pública e gerenciar conflitos de interesse no Executivo federal

Em 1994, o Brasil introduziu o Código de Ética Profissional do Servidor Público do Poder Executivo Federal (Decreto nº 11.71/1994). O Código exige o estabelecimento de uma Comissão de Ética em todas as entidades do Executivo federal para apoiar a sua consolidação e implementação. Cada Comissão de Ética é composta por três membros efetivos e três suplentes, escolhidos entre servidores públicos do seu quadro efetivo e nomeados pela mais alta autoridade da respetiva entidade ou órgão para mandatos não coincidentes de três anos. Ademais, cada uma das Comissões de Ética contará com uma Secretaria-Executiva, chefiada por um servidor ou empregado do quadro permanente da entidade ou órgão, ocupante de cargo de direção compatível com sua estrutura, para prover o apoio técnico e material necessário ao cumprimento das suas atribuições (Decreto nº 6.029/2007).

As Comissões de Ética são responsáveis por orientar e aconselhar os servidores públicos sobre ética profissional, conscientizar sobre as consequências de violações éticas e receber notificações de possíveis infrações. Elas fornecem ao departamento de recursos humanos informações sobre o histórico ético de servidores públicos ao longo de sua carreira e podem emitir reprimendas (*censura*) em caso de violação do Código.

Em 2007, as Comissões de Ética foram incorporadas ao Sistema de Gestão da Ética do Poder Executivo Federal (Decreto nº 6.029/2007), o qual possui os seguintes objetivos:

* integrar os órgãos, programas e ações relacionadas à ética pública
* contribuir para a implementação de políticas públicas tendo a transparência e o acesso à informação como instrumentos fundamentais para o exercício da gestão da ética pública (ver também a Revisão de Governo Aberto do Brasil (OCDE, em fase de elaboração[3]))
* promover compatibilização e coerência de normas, procedimentos técnicos e de gestão relacionados à ética pública
* desenvolver ações para estabelecer e implementar procedimentos que incentivem e aprimorem o desempenho institucional na gestão da ética pública no governo brasileiro.

Uma recente avaliação do SGEP foi realizada entre junho-julho de 2020, a partir de, entre outros instrumentos, a aplicação do Questionário de Avaliação de Gestão da Ética Pública, ao qual responderam 117 Comissões. Os resultados evidenciam que 58% dessas Comissões dispõem de um plano de trabalho e 88% possuem uma Secretaria-Executiva. Além disso, em 31% delas, o Secretário-Executivo ocupa cargo de chefia e, em 62%, a Secretaria-Executiva possui espaço próprio (Comissão de Ética Pública, 2021[17]). Os resultados também indicam que, embora tenha avançado em sua implantação, o SGEP ainda enfrenta desafios, principalmente fora das empresas estatais. As entrevistas realizadas para este relatório da OCDE ressaltaram que frequentemente uma de suas principais fraquezas consiste na falta de apoio da alta administração.

Por sua vez, a Comissão de Ética Pública (CEP, Quadro 1.3), criada em 1999, coordena, avalia e supervisiona o Sistema de Gestão da Ética. Desde 2000, a CEP é responsável pela implementação e cumprimento do Código de Conduta da Alta Administração Federal, bem como por fornecer aconselhamento sobre conflito de interesses. Entre outras atribuições, essa comissão monitora e realiza uma avaliação anual da implantação do Sistema de Gestão da Ética no Poder Executivo Federal. Adicionalmente, a CEP pode realizar visitas técnicas, que são iniciativas *in loco* para divulgar e avaliar o andamento da adoção de ações para o estabelecimento de uma infraestrutura ética mais efetiva. Além disso, a CEP vem promovendo e ministrando inúmeros cursos de capacitação, incluindo, por exemplo, o Curso de Gestão e Apuração da Ética Pública e o Seminário Internacional de Ética na Gestão.

Quadro 1.3. A Comissão de Ética Pública

Em 1999, o Brasil estabeleceu a Comissão de Ética Pública (CEP) como órgão consultivo do Presidente da República e dos Ministros de Estado em questões de ética pública. A CEP é composta por sete membros indicados pelo Presidente da República para um mandato escalonado de três anos, com possibilidade de prorrogação por mais um mandato de três anos.

Com o passar dos anos, o papel da CEP evoluiu. No início, suas atividades se restringiam a aconselhar o Presidente sobre questões de natureza ética. Posteriormente, com a aprovação do Código de Conduta da Alta Administração Federal em 2000, também passou a ser responsável pela implementação e monitoramento do código, cabendo a uma Secretaria Executiva providenciar apoio técnico e administrativo.

A CEP submete ao Presidente da República medidas para aprimorar a gestão da ética, esclarece dúvidas de interpretação de suas normas e delibera sobre omissões e casos não contemplados no Código de Ética Profissional (Decreto nº 171/1994). Desde 2007, a CEP coordena, avalia e supervisiona o Sistema de Gestão da Ética do Poder Executivo Federal (Decreto nº 6.029/2007), aprova o regimento interno desse sistema e escolhe o seu Presidente. Ao longo dos anos, a CEP vem igualmente promovendo ações que visam garantir a adequação e eficácia dos padrões éticos do Executivo federal, promovendo a capacitação de autoridades públicas e da sociedade civil.

Fonte: Elaborado pela OCDE com base no Decreto nº 171/1994 e no Decreto nº 6.029/2007. Veja também (OCDE, 2012[4])

Um segundo elemento-chave do arcabouço jurídico de integridade pública é a Lei nº 12.813/2013, a qual versa sobre a gestão de conflitos de interesses e se aplica a todos os servidores públicos do Executivo federal. No entanto, atualmente o seu escopo limita-se à divulgação ou utilização de informação privilegiada e à realização de atividades externas privadas incompatíveis com o cargo ou funções públicas. No entanto, a utilização de informações privilegiadas ainda não foi regulamentada para servidores públicos que não pertençam à alta administração, conforme definido em lei. Uma análise preliminar indica que a estrutura de conflito de interesses poderia ser melhorada levando-se em consideração os padrões da OCDE (2004[18]). A próxima *Revisão de Integridade da OCDE* analisará esse aspecto em profundidade (OCDE, em fase de elaboração[5]).

Além disso, sob o atual arcabouço, a competência para orientar e opinar em caso de dúvidas quanto ao exercício de atividade privada que não seja expressamente proibida, bem como para supervisionar e avaliar formalmente situações de conflito de interesses, foi dividida entre a CEP e a CGU. Atualmente, a CEP é responsável por autoridades públicas da alta administração e a CGU por todos os demais servidores públicos.

O Sistema de Integridade Pública é um passo importante para fortalecer as políticas de integridade e garantir a sua consolidação no Executivo federal

A CGU é o órgão de controle interno do governo federal e, desde a sua criação em 2001, tem sido um ator central da estratégia do governo federal para fortalecer a integridade e prevenir a corrupção no Brasil (OCDE, 2012[4]). A CGU é responsável por uma série de funções essenciais e complementares de integridade, conforme descrito na Tabela 1.1, tais como promover a integridade pública; contribuir para a estrutura de gestão de conflito de interesses; prevenir e combater a corrupção; apoiar a gestão de riscos para a integridade, o controle interno, a auditoria e o cumprimento de normas disciplinares; além de exercer a função de ouvidoria, promovendo o controle social e a transparência.

Em particular, a CGU é responsável por conduzir a implementação os Programas de Integridade Pública obrigatórios para prevenir, detectar, punir e remediar corrupção, fraude, atos ilícitos e violações das normas de ética, e de conduta e orientar todos os órgãos e entidades públicas do Executivo federal. O Decreto nº 9.203/2017 introduziu os Programas de Integridade Pública, os quais foram posteriormente regulamentados por meio da Portaria nº 1.089/2018 e da Portaria nº 57/2019. Os Programas de Integridade Pública devem ser desenvolvidos ao longo dos seguintes eixos:

- Compromisso e apoio da alta administração
- Existência de unidade responsável pela implementação no órgão ou na entidade
- Análise, avaliação e gestão de riscos associados à integridade
- Monitoramento dos elementos do Programa de Integridade.

Os Programas de Integridade Pública visam garantir que as unidades internas responsáveis por atividades relacionadas à integridade e por áreas como prevenção à corrupção, auditoria interna, cumprimento de normas disciplinares e transparência trabalhem juntas em coordenação para garantir a integridade e minimizar os seus riscos. Assim, os Programas de Integridade Pública focam na prevenção e visam reduzir os riscos para a integridade em órgãos e entidades públicas. Desenvolver um Programa de Integridade implica ir além do cumprimento formal de leis e regulamentos e deveria objetivar a promoção de culturas de integridade dentro dos órgãos e entidades públicas.

A CGU estabeleceu procedimentos para desenvolver, implementar e monitorar esses Programas de Integridade Pública, como o *Manual para Implementação de Programas de Integridade 2017* e o *Guia Prático de Implementação de Programa de Integridade 2018*. Atualmente, a CGU está realizando uma avaliação desses programas e alguns resultados preliminares contribuíram para as conclusões do relatório, mediante discussões com a equipe da CGU.

A primeira etapa obrigatória de um Programa de Integridade é estabelecer uma Unidade de Gestão da Integridade (UGI) dentro do órgão ou entidade pública. A UGI coordena o desenvolvimento do Plano de Integridade interno da entidade pública, bem como a sua posterior implementação, acompanhamento e avaliação. Esses planos precisam ser aprovados pela alta administração e devem estabelecer as medidas de integridade e um plano de ação para sua implementação.

Os principais elementos exigidos nos Planos de Integridade incluem (Portaria nº 57/2019):

- descrição do órgão ou entidade
- estabelecimento das unidades de integridade
- avaliação dos riscos de integridade e medidas para enfrentá-los
- disposições para monitoramento e atualização periódica dos planos de integridade.

Desde 2017, a CGU apoia a implantação de UGIs e a elaboração de Planos de Integridade em todas os 186 órgãos e entidades da Administração Pública federal direta, autárquica e fundacional. O recente Sistema de Integridade Pública do Poder Executivo Federal (SIPEF), instituído em julho de 2021, formaliza e fortalece ainda mais a base normativa dos Programas de Integridade Pública e da UGI e, portanto, de promoção da integridade em todo o Executivo federal. O SIPEF estabelece a UGI como unidade setorial do sistema, ampliando suas funções e responsabilidades (Quadro 1.4). Essas responsabilidades podem ser resumidas como a articulação de diferentes esforços de integridade dentro do órgão ou da entidade, mas também incluem o fornecimento de orientação, treinamento e suporte em questões relacionadas à integridade pública e gestão de riscos para a integridade.

Quadro 1.4. Funções da UGI no Sistema de Integridade Pública do Poder Executivo Federal (SIPEF)

De acordo com o Decreto nº 10.756/2021, que instituiu o SIPEF, as funções da UGI incluem:

- aconselhar a autoridade máxima do órgão ou entidade em assuntos relacionados ao programa de integridade pública
- cooperar com as outras unidades agenciado órgão ou entidade que desempenham funções de integridade para obter as informações necessárias para monitorar o programa de integridade
- coordenar a estruturação, execução e monitoramento do seu programa de integridade
- promover orientação e treinamento, dentro do órgão ou entidade, sobre assuntos relativos ao programa de integridade
- preparar e revisar periodicamente o plano de integridade
- coordenar a gestão de riscos para a integridade
- acompanhar e avaliar, no âmbito do órgão ou entidade, a implementação das medidas estabelecidas no plano de integridade
- propor ações e medidas, no âmbito do órgão ou entidade, com base em informações e dados relativos à gestão do programa de integridade
- avaliar as ações e medidas relacionadas ao programa de integridade sugeridas pelas demais unidades do órgão ou entidade
- relatar à autoridade máxima do órgão ou entidade sobre o andamento do programa de integridade
- participar de atividades que requeiram a execução de ações conjuntas das unidades integrantes do SIPEF, com vistas a aprimorar o exercício das atividades comuns
- reportar ao órgão central as situações que comprometam o programa de integridade pública e adotar as medidas necessárias para a sua remediação
- realizar outras atividades dos programas de integridade pública previstos no art. 19 do Decreto nº 9.203/2017.

Fonte: Decreto nº 10.756/2021

Conforme mencionado acima, a CGU tem responsabilidade compartilhada na gestão de conflitos de interesses. Com efeito, para facilitar essa gestão, os servidores públicos podem enviar à unidade de recursos humanos das suas entidades pedido de consulta sobre eventuais situações de conflito de interesses. Caso a entidade pública conclua que existe potencial situação de conflito de interesses, a consulta é automaticamente encaminhada à CGU. Essas consultas são enviadas por meio do Sistema Eletrônico de Prevenção de Conflitos de Interesses (SeCI, Quadro 1.5).

Quadro 1.5. Lei de Conflito de Interesses e Sistema Eletrônico de Prevenção de Conflito de Interesses

Com foco na abordagem preventiva da Lei nº 12.813/2013 e com o objetivo de facilitar a interação com o servidor público, a CGU desenvolveu o Sistema Eletrônico de Prevenção de Conflitos de Interesses (SeCI). Esse sistema eletrônico permite que servidores ou empregados públicos federais realizem consultas formais para saber se estão sujeitos a uma situação de conflito de interesses ou para solicitar autorização para o exercício de atividade privada. Ele também permite ao requerente monitorizar sua consulta e interpor recursos.

Entre 10 de julho de 2014 e 27 de março de 2020, autoridades públicas federais submeteram 7.961 consultas sobre conflito de interesses às suas agências e entidades por meio do SeCI. Das 7207 consultas analisadas, 916 envolveram relevante risco de conflito de interesses e foram encaminhadas à CGU para análise. A CGU confirmou a existência de risco em 279 processos, desaconselhando o exercício da atividade privada sob análise. Em relação a 198 consultas, a CGU considerou que o risco de conflito de interesses identificado poderia ser mitigado desde que a parte interessada concordasse em cumprir determinadas condições. Em outras 118 consultas, a CGU não identificou nenhum risco relevante de conflito de interesses, autorizando o interessado a exercer a atividade em questão.

Fonte: (UNDOC, 2018[19]); (CGU, n.d.[20])

Simplificar a promoção da integridade pública no Poder Executivo federal

O Brasil poderia transferir a responsabilidade de apoiar a gestão da ética pública e conflito de interesses para o SIPEF e suas unidades de modo a fortalecer a transparência e a coerência do seu sistema

A Gestão da Ética e, mais recentemente, o Sistema de Integridade Pública são respostas ao desafio de consolidação. No entanto, a averiguação da OCDE, que envolveu uma análise aprofundada da legislação brasileira pertinente e de documentos de política, bem como pesquisa, entrevistas e discussões de grupo focal, evidenciou alguns desafios relacionados à concepção e implementação, bem como sobreposições ou responsabilidades pouco claras, em particular em relação à promoção de culturas de integridade pública e gerenciamento de riscos para a integridade. Conforme mencionado acima, embora a integridade pública tenha muitos elementos e tipicamente envolva diferentes agentes e unidades, também é necessário haver coerência e clareza com relação à promoção da integridade no nível da instituição para evitar possíveis mensagens truncadas ou confusão entre os servidores públicos.

Embora o debate conceitual seja complexo, tanto a "ética" quanto a "integridade" objetivam promover altos padrões de comportamento dos servidores públicos. Na verdade, a OCDE emprega "gestão da ética" e "gestão da integridade" como sinônimos. Embora as publicações anteriores da OCDE se refiram a "ética", publicações recentes priorizam o termo "integridade", indicando uma mudança para estilos modernos de gestão de integridade que combinam abordagens baseadas em normas com abordagens baseadas em valores (OCDE, 2009[11]). Dessa forma, a *Recomendação da OCDE sobre Integridade Pública de 2017* resulta de um processo de revisão da *Recomendação da OCDE sobre a Melhoria da Conduta Ética no Serviço Público de 1998*, que até então fornecia pela primeira vez orientação aos formuladores de políticas sobre a gestão de ética no setor público. A *Recomendação sobre Integridade Pública* incorpora essa perspectiva, convocando os aderentes a estabelecerem altos padrões de conduta aos servidores públicos, enquanto ampliam o escopo para fornecer aos formuladores de políticas a visão de uma abordagem de integridade pública que seja comportamental, dependente do contexto e baseada no risco, e que enfatize a relevância de construir uma cultura de integridade em toda a sociedade (OCDE, 2017[1]).

Afinal, o que importa mais do que o termo é a definição do conceito, sua operacionalização e capacidade de impactar em termos de mudanças comportamentais. A gestão da integridade - ou ética - visa promover a integridade e prevenir violações de integridade (OCDE, 2009[11]). Integridade pública garante um consistente alinhamento e adesão a valores, princípios e normas éticas compartilhados para defender e priorizar o interesse público sobre os interesses privados no setor público (OCDE, 2017[1]). Porém, a coexistência de dois sistemas no Brasil com essencialmente o mesmo objetivo implica complexidade e opacidade e representa um sério risco de sobreposições, enviando mensagens truncadas e pouco claras quanto a responsabilidades, principalmente no que se refere a treinamentos e orientações sobre valores, dilemas éticos e situações de conflito de interesses. De fato, a averiguação evidenciou que a coexistência de um sistema de ética e de programas de integridade (e agora também do SIPEF) vem acompanhada de alguns mal-entendidos e confusão entre os servidores públicos.

O Brasil poderia, portanto, esclarecer e simplificar a responsabilidade e os conceitos voltados para a promoção de culturas de integridade organizacional no Executivo federal, transferindo as responsabilidades de apoiar a gestão da ética pública e a gestão de conflitos de interesse do Sistema de Gestão da Ética para o SIPEF e suas unidades. Essa reforma poderia oferecer a oportunidade de ampliar o escopo de aplicação do SIPEF a toda a administração do Poder Executivo federal (Quadro 1.2). Por sua vez, em estreita coordenação com o SIPEF, a CEP poderia ser mantida como órgão consultivo do Presidente da República e dos Ministros de Estado e para fiscalizar e promover a aplicação do atual Código de Conduta da Alta Administração Federal. Até o momento da elaboração deste relatório, um grupo de trabalho interinstitucional vem realizando a revisão do Código de Ética Profissional e do Código de Conduta da Alta Administração Federal. Essa revisão está em andamento e oferece uma oportunidade para esclarecer ainda mais e simplificar a orientação fornecida aos servidores públicos (ver Capítulo 2).

A *Recomendação da OCDE sobre Política Regulatória e Governança* enfatiza que os governos devem garantir que os regulamentos sejam compreensíveis e claros, bem como identificar e reformar os regulamentos sobrepostos (OCDE, 2012[21]). Na verdade, conforme enfatizado no *Relatório da OCDE sobre Integridade Pública a partir de uma Perspectiva Comportamental*, o esclarecimento das responsabilidades em todo o setor público não apenas aumenta a eficácia de um sistema de integridade, mas também pode fortalecer a integridade dos tomadores de decisão individualmente (OCDE, 2018[22]). De fato, percepções comportamentais associadas a simplificação, conveniência e relevância (*salience*) sugerem que a coexistência de muitas regulamentações pode torna-las muito complexas e complicadas para serem eficazes (Lunn, 2014[23]). Ao simplificar os sistemas de integridade e ética conforme recomendado acima, o Brasil poderia facilitar a apresentação do que é importante para promover uma cultura de integridade e limitar o número ou a complexidade dos conceitos a ela associados. Essa simplificação também ajudaria a promover a relevância do conceito de integridade pública. Evidências sugerem que, como seres humanos, os servidores públicos podem prestar atenção a um número limitado de atributos associados a qualquer opção diante deles (Lunn, 2014[23]). Tornar o conceito de integridade relevante (*salient*) facilitaria a comunicação sobre questões relacionadas à integridade e forneceria clareza com relação aos elementos-chave das políticas de integridade, como o gerenciamento de conflitos de interesse, a promoção de culturas abertas de integridade organizacional, a gestão de riscos para a integridade ou o enfrentamento de dilemas éticos, ou seja, dilemas que surgem devido a áreas legais cinzentas e/ou valores conflitantes (Capítulo 2).

Finalmente, o Brasil deve considerar a revisão da coerência e do alinhamento do novo SIPEF em termos de conexões e conceitos com os seguintes sistemas federais relacionados à integridade pública (ver também a próxima Revisão de Integridade do Brasil (OCDE, em fase de elaboração[5]):

- o Sistema de Controle Interno do Poder Executivo Federal (SCI) para alinhar os conceitos relacionados à gestão de riscos, controle interno e auditoria
- o Sistema de Correição do Poder Executivo Federal (SISCOR) para garantir o cumprimento das normas frente a violações de integridade
- o Sistema de Ouvidoria do Poder Executivo Federal para aspectos relacionados à consulta e ao recebimento de relatórios e feedback de cidadãos e usuários de serviços públicos em relação à integridade pública (para uma análise aprofundada sobre as deficiências do sistema atual, consulte a *Revisão sobre Governo Aberto da OCDE* (OCDE, em fase de elaboração[3]).

O apoio à ética pública e o fornecimento de orientação sobre o gerenciamento de conflitos de interesse são mais bem conduzidos por unidades dedicadas

Conforme descrito acima, as Comissões de Ética são atualmente responsáveis, no âmbito das instituições públicas, por orientar e conscientizar sobre a ética pública, bem como por receber notificações sobre possíveis violações do Código de Ética Profissional.

No entanto, as Comissões de Ética no Brasil padecem de fragilidades semelhantes às identificadas em outros países com arranjos comparáveis (OCDE, 2017[24]; OCDE, 2021[25]; OCDE, 2019[26]):

- Primeiro, como uma comissão, a organização apresenta desafios inerentes. Os integrantes das Comissões de Ética, selecionados entre os servidores pertencentes ao quadro de pessoal da entidade federal em caráter temporário, muitas vezes, não possuem experiência prévia no assunto e necessitam de treinamento especializado para o desempenho eficaz de suas atribuições. No Brasil, a CEP providencia treinamento, porém, visto que seus membros são selecionados para um mandato de três a seis anos, é difícil adquirir experiência, o que afeta o aprendizado, a continuidade e a eficácia das Comissões de Ética. A rotatividade também dificulta a criação de maior visibilidade para a integridade na instituição pública e pode prejudicar o estabelecimento da confiança necessária para cumprir com credibilidade a função de aconselhar sobre questões frequentemente delicadas. Além disso, visto que ser membro da Comissão de Ética é uma tarefa adicional sem remuneração complementar, o trabalho de promover a ética, muitas vezes, constitui apenas uma prioridade secundária ou depende fortemente da motivação das pessoas que foram selecionadas.
- Em segundo lugar, o fato de as Comissões de Ética no Brasil poderem receber relatos sobre potenciais violações e emitir reprimendas (*censura*) mistura tarefas de prevenção com aquelas relacionadas ao cumprimento de normas. Isso faz com que essas comissões não sejam o melhor lugar para fornecer aos servidores públicos um espaço seguro, onde possam buscar orientação sobre dilemas éticos ou sobre situações em que possam ter cometido um erro (OCDE, 2018[22]). A unidade ou pessoa encarregada de fornecer aconselhamento não deve estar envolvida em quaisquer tarefas relacionadas à investigação ou punição de violações de integridade, mas sim ser um local seguro onde os servidores possam manifestar-se livremente e fazer perguntas sem temer repercussões diretas. Além disso, a confidencialidade das questões tratadas deve ser garantida para promover um ambiente de confiança.

Em contrapartida, no SIPEF, as Unidades de Gestão da Integridade (UGI) são responsáveis por promover orientações e treinamentos em questões relacionadas ao Programa de Integridade Pública e por apoiar a gestão de riscos para a integridade. Além disso, com o apoio da CGU, as UGIs já desempenharam um papel fundamental no processo de identificação dos novos Valores do Serviço Público Federal e na promoção da campanha #IntegridadeSomosTodosNós. Como tal, as UGIs estão mais bem posicionadas para utilizar os Valores como um ponto de entrada para consolidar a integridade em processos e práticas diárias relevantes no contexto de seus órgãos e entidades públicas e promover uma cultura organizacional aberta de integridade (ver Capítulo 2).

Contudo, conforme já mencionado, a coexistência das Comissões de Ética e as UGIs pode confundir os servidores públicos. Portanto, em consonância com a recomendação anterior, o Brasil poderia considerar a transferência das funções preventivas relacionadas à ética e à gestão de conflitos de interesse das Comissões de Ética para as UGIs. Sob outra perspectiva, isso poderia ser equivalente a transformar as Secretarias-Executivas das Comissões de Ética em UGIs com pessoal permanente e profissionalizado no âmbito do SIPEF, como foi recomendado para o caso semelhante da esfera federal no México (OCDE, 2017[24]; OCDE, 2019[26]).

Assim, enquanto as UGIs possuem potencial para se tornarem unidades dedicadas com pessoal permanente e profissionalizado no SIPEF, Quadro 1.6 o atual arcabouço normativo brasileiro não exige isso.[1] A averiguação conduzida no contexto deste projeto revelou que isso se soma a desafios e fraquezas no cumprimento do mandato e das funções da UGI (Capítulo 2). O Quadro 1.6 fornece alguns argumentos gerais a favor de tal espaço dedicado à integridade em uma organização. O Brasil poderia, portanto, focar no fortalecimento da UGI, exigindo que ela fosse uma unidade dedicada e alinhando o seu desenho organizacional com as suas competências. Dessa forma, o papel da UGI dentro do SIPEF poderia ser comunicado claramente, facilitando o investimento nas capacidades e habilidades necessárias para coordenar, planejar e monitorar os Programas de Integridade e fornecer suporte e orientação sobre dilemas éticos, potencial conflito de interesses, gestão de riscos para a integridade e outras questões relacionadas à integridade pública. Isso resolveria as deficiências identificadas, daria à integridade pública um lugar visível e dedicado dentro das organizações e contribuiria para melhorar a clareza e a coerência conceitual da estrutura institucional e do nível da entidade. O Capítulo 2 fornece recomendações adicionais sobre como fortalecer a UGI nesse sentido.

Quadro 1.6. Um lugar dedicado à integridade em níveis organizacionais

Existem vários motivos pelos quais é importante ter uma unidade dedicada à integridade em uma organização:

- Um lugar visível para a gestão da integridade na estrutura organizacional aumenta o escopo de coordenação entre os instrumentos de gestão da integridade e, portanto, permite sinergias entre eles. A designação explícita desta função de coordenação a uma pessoa, grupo ou unidade organizacional aumentará significativamente a possibilidade de produzir essa coordenação.
- Uma clara localização da gestão da integridade na estrutura organizacional também permite um verdadeiro acúmulo de expertise, pois recomendações, *insights* e boas práticas seriam cumpridas em uma única área da organização.
- O estabelecimento da gestão de integridade na organização também garante a continuidade das políticas de integridade. Na prática, é comum que, mesmo quando a gestão de integridade chama atenção e gera entusiasmo quando lançado pela primeira vez, isso tende a diminuir depois de algum tempo. Manter uma pessoa ou unidade responsável pela gestão da integridade a longo prazo e pedir-lhes que relatem o seu progresso reduzirá significativamente esse risco.
- O estabelecimento organizacional também possui um elemento simbólico, pois envia o sinal de que a integridade é considerada importante dentro da organização. Segundo regra típica da teoria do design organizacional, a estrutura reflete as áreas de importância estratégica para a

> organização. Assim, quando uma organização busca atribuir importância à integridade, isso deve estar refletido em seu organograma.
>
> - Dar à integridade uma posição no organograma também fornece a sua própria identidade. Uma identidade separada não significa que os instrumentos de gestão da integridade devam ser isolados de outras áreas de gestão relevantes, como recursos humanos ou gestão financeira. Tampouco significa que os responsáveis pela gestão da integridade tenham que tentar assumir áreas ou mecanismos de outras áreas que possam ser considerados instrumentos de gestão da integridade dentro de sua própria esfera de competência. Consequentemente, a cooperação e articulação entre os responsáveis pela integridade e agentes de outras áreas é fundamental.
>
> Fonte: (OCDE, 2009[11])

Funções relacionadas ao cumprimento do arcabouço normativo não devem ser transferidas para as UGIs e o seu arranjo institucional deve ser esclarecido

Como já mencionado, as Comissões de Ética atualmente também recebem reclamações e denúncias de possíveis infrações ao Código de Ética Profissional, realizam apuração preliminar de denúncias e têm o poder de emitir reprimendas (*censura*) em caso de infração ao Código. Essas funções não devem ser transferidas para as UGIs para evitar misturar funções preventivas com elementos punitivos; no entanto, as UGIs poderiam articular e assegurar a implementação de tais elementos relacionados à detecção e ao cumprimento de normas.

Na verdade, o arcabouço legal que regulamenta o regime do jurídico do servidor público civil da União (Lei nº 8.112/1990) inclui uma lista de deveres e proibições, cuja violação leva à responsabilidade administrativa disciplinar além da responsabilidade civil e criminal que pode ser aplicada cumulativamente. A Corregedoria-Geral da União da CGU e, no âmbito das instituições, as Corregedorias Federais são as instituições competentes para lidar com tais casos disciplinares internos, embora ainda não existam em todas as entidades federadas. Instituídas em 2001, as Corregedorias Federais conduzem investigações de possível má conduta de autoridades públicas federais, *ex officio* ou mediante o recebimento de um relato confiável. Como unidade central do Sistema de Correição do Poder Executivo Federal (SISCOR), esse ator coordena, avalia e supervisiona as atividades de inspeção e das comissões disciplinares nos órgãos públicos federais. Recentemente, a CGU atualizou o Sistema de Gestão de Processos Disciplinares (e-PAD), um sistema online que visa armazenar e disponibilizar informações sobre os procedimentos disciplinares do Poder Executivo federal.

Embora uma análise aprofundada do regime disciplinar do Brasil esteja fora do escopo deste relatório e será realizada na próxima *Revisão de Integridade da OCDE* do Brasil, uma análise preliminar parece indicar uma sobreposição das funções investigativa e punitiva das Comissões de Ética com a Lei nº 8.112/1990 e as Corregedorias Federais. Dependendo do grau dessa potencial sobreposição e, caso as funções preventivas sejam transferidas para a UGI, conforme recomendado acima, as Comissões de Ética deixariam de exercer qualquer função ou poderiam manter o foco apenas em sua função de fazer cumprir o Código de Ética Profissional vigente. No entanto, esta função deve assegurar uma estreita coordenação com as Corregedorias Federais, articulada por meio dos Programas de Integridade Pública e da UGI.

Referências

Agence Française Anticorruption (2020), *The French Anti-Corruption Agency Guidelines*,
Agence française Anticorruption (AFA), Paris, https://www.agence-francaise-
anticorruption.gouv.fr/files/2021-03/French%20AC%20Agency%20Guidelines%20.pdf
(accessed on 20 September 2021). [14]

CGU (n.d.), *Electronic System for Prevention of Conflict of Interest*,
https://seci.cgu.gov.br/SeCI/Login/Externo.aspx?ReturnUrl=%2fSeCI (accessed on
5 March 2021). [20]

Comissão de Ética Pública (2021), "BOLETIM INFORMATIVO do Sistema de Gestão da Ética
do Poder Executivo Federal" 39, https://www.gov.br/planalto/pt-br/assuntos/etica-
publica/sistema-de-gestao-da-etica/boletim-informativo/boletins-informativos-
2021/BoletimInformativo39Outubro2021.pdf (accessed on 15 November 2021). [17]

Función Pública (2017), *Modelo Integrado de Planeación y Gestión*,
https://www.funcionpublica.gov.co/web/mipg (accessed on 20 September 2021). [13]

G20 (2017), *G20 High Level Principles on Organizing Against Corruption*,
http://www.g20.utoronto.ca/2017/2017-g20-acwg-anti-corruption.html. [15]

Lunn, P. (2014), *Regulatory Policy and Behavioural Economics*, OECD Publishing, Paris,
https://dx.doi.org/10.1787/9789264207851-en. [23]

OCDE (2021), *OECD Integrity Review of the State of Mexico: Enabling a Culture of Integrity*,
OECD Public Governance Reviews, OECD Publishing, Paris,
https://dx.doi.org/10.1787/daee206e-en. [25]

OCDE (2020), *Auditing Decentralised Policies in Brazil: Collaborative and Evidence-Based
Approaches for Better Outcomes*, OECD Public Governance Reviews, OECD Publishing,
Paris, https://dx.doi.org/10.1787/30023307-en. [8]

OCDE (2020), *OECD Public Integrity Handbook*, OECD Publishing, Paris,
https://dx.doi.org/10.1787/ac8ed8e8-en. [2]

OCDE (2019), *Follow up report on the OECD Integrity Review of Mexico: Responding to citizens'
expectations*, OECD, Paris, https://www.oecd.org/gov/ethics/follow-up-integrity-review-
mexico.pdf (accessed on 19 August 2021). [26]

OCDE (2019), *La Integridad Pública en América Latina y el Caribe 2018-2019: De Gobiernos
reactivos a Estados proactivos*, OECD, Paris, https://www.oecd.org/gov/ethics/integridad-
publica-en-america-latina-caribe-2018-2019.htm. [16]

OCDE (2018), *Behavioural Insights for Public Integrity: Harnessing the Human Factor to Counter
Corruption*, OECD Public Governance Reviews, OECD Publishing, Paris,
https://dx.doi.org/10.1787/9789264297067-en. [22]

OCDE (2017), *Brazil's Federal Court of Accounts: Insight and Foresight for Better Governance*,
OECD Public Governance Reviews, OECD Publishing, Paris,
https://dx.doi.org/10.1787/9789264279247-en. [6]

OCDE (2017), *OECD Integrity Review of Mexico: Taking a Stronger Stance Against Corruption*, OECD Public Governance Reviews, OECD Publishing, Paris, https://dx.doi.org/10.1787/9789264273207-en. [24]

OCDE (2017), *Recomendação do Conselho da OCDE sobre Integridade Pública*, https://www.oecd.org/gov/ethics/integrity-recommendation-brazilian-portuguese.pdf. [1]

OCDE (2013), *Brazil's Supreme Audit Institution: The Audit of the Consolidated Year-end Government Report*, OECD Public Governance Reviews, OECD Publishing, Paris, https://dx.doi.org/10.1787/9789264188112-en. [7]

OCDE (2012), *OECD Integrity Review of Brazil: Managing Risks for a Cleaner Public Service*, OECD Public Governance Reviews, OECD Publishing, Paris, https://dx.doi.org/10.1787/9789264119321-en. [4]

OCDE (2012), *Recommendation of the Council on Regulatory Policy and Governance*, OECD/LEGAL/0390, https://legalinstruments.oecd.org/en/instruments/OECD-LEGAL-0390. [21]

OCDE (2009), *Towards a Sound Integrity Framework: Instruments, Processes, Structures and Conditions for Implementation (GOV/PGC/GF(2009)1)*, OECD, Paris. [11]

OCDE (2004), "OECD Guidelines for Managing Conflict of Interest in the Public Service", in *Managing Conflict of Interest in the Public Service: OECD Guidelines and Country Experiences*, OECD Publishing, Paris, https://dx.doi.org/10.1787/9789264104938-2-en. [18]

OCDE (em fase de elaboração), *Behavioural Insights for Public Integrity: Strengthening integrity leadership in Brazil's federal executive branch*, OECD Publishing, Paris. [12]

OCDE (em fase de elaboração), *Integrity Review of Brazil*, OECD Publishing, Paris. [5]

OCDE (em fase de elaboração), *Modernising Integrity Risk Management in Brazil*, OECD Publishing, Paris. [10]

OCDE (em fase de elaboração), *Open Government Review of Brazil*, OECD Publishing, Paris. [3]

Rangone, N. (2021), "Making Law Effective: Behavioural Insights into Compliance", *European Journal of Risk Regulation*, Vol. 9, pp. 483-501, http://dx.doi.org/10.1017/err.2018.51. [9]

UNDOC (2018), *Provision of Technical Assistance by G20 Anti-corruption Working Group Countries. Information Provided by Brazil.*, https://www.unodc.org/documents/corruption/G20TechnicalAssistance/PROVISION_OF_TEC HNICAL_ASSISTANCE_BY_BRAZIL_on_G20_ACWG.pdf (accessed on 5 March 2021). [19]

Nota

1 Ainda que a Portaria nº 57/2019 de fato fale em "constituir" a UGI, trata-se de uma colocação ambígua que pode significar "montar", "estabelecer" ou "criar".

2 Fortalecimento das instituições do Sistema de Integridade Pública (SIPEF)

As unidades integrantes do Sistema de Integridade Pública do Poder Executivo Federal (SIPEF) no Brasil são as Unidades de Gestão da Integridade (UGI), como unidades setoriais, e a Controladoria-Geral da União (CGU), como seu órgão central. Este capítulo analisa a atual configuração da UGI e as suas funções. As UGIs deveriam se concentrar na promoção de culturas abertas de integridade organizacional, coordenando, planejando e monitorando os Programas de Integridade, fornecendo orientação e treinamento a servidores públicos sobre integridade pública e apoiando a gestão de riscos para a integridade, incluindo o gerenciamento de conflitos de interesse. Para realizar essas tarefas, a estrutura organizacional e as capacidades das UGIs devem estar alinhadas com suas responsabilidades. Este capítulo recomenda ainda esclarecer a divisão de tarefas dentro da Secretaria de Transparência e Prevenção da Corrupção da CGU e como a CGU pode contribuir para o fortalecimento do SIPEF, fornecendo apoio, orientação e facilitando intercâmbios entre instituições públicas.

Fortalecimento das Unidades de Gestão da Integridade

Para aumentar o impacto das UGIs, elas devem se concentrar em medidas preventivas e na promoção de uma cultura aberta de integridade organizacional

O Capítulo 1 enfatiza o papel central das Unidades de Gestão da Integridade (UGI) no novo Sistema de Integridade Pública (SIPEF) e o seu potencial em contribuir para superar o desafio de consolidação no Executivo federal. A UGI pode se tornar uma área visível e a principal responsável por prevenir corrupção, fraude e outras violações de integridade e por promover culturas de integridade pública em suas organizações.

Atualmente, a Portaria n° 57/2019 menciona três atribuições da UGI:

- Coordenar a estruturação, implementação e monitoramento dos Programas de Integridade Pública
- Fornecer orientação e treinamento para servidores públicos em áreas relacionadas aos Programas de Integridade Pública
- Promover, em conjunto com outras unidades da entidade pública, demais ações relacionadas à implantação dos Programas de Integridade Pública.

Hoje, todos os 186 órgãos e entidades públicas do Executivo federal designaram uma UGI, e o portal de monitoramento da CGU indica que essas unidades estão ativas, embora esse dado não permita tirar conclusões quanto à qualidade da implementação. Por exemplo, 166 UGIs realizaram uma avaliação de riscos de integridade, todas as 186 UGIs aprovaram um Plano de Integridade e 159 UGIs estabeleceram procedimentos internos para analisar consultas enviadas por servidores públicos sobre potenciais situações de conflito de interesses (dados obtidos em paineis.cgu.gov.br/integridadepublica).

A pesquisa da OCDE realizada em 2020 para este projeto mostra que na fase inicial da sua existência, as UGIs dedicavam seu tempo e recursos principalmente na sua função de coordenação e na elaboração dos Programas de Integridade Pública (Figura 2.1). Apenas algumas UGIs forneciam orientações ou treinamentos e realizavam "outras ações". Essas "outras ações" consistem, por exemplo, em comunicar a integridade pública ou assegurar o envolvimento das autoridades superiores da entidade pública e o relato a elas (CGU, 2018[1]).

Figura 2.1. Quantidade relativa de trabalho das UGIs nas três áreas de competência de acordo com a Portaria nº 57/2019

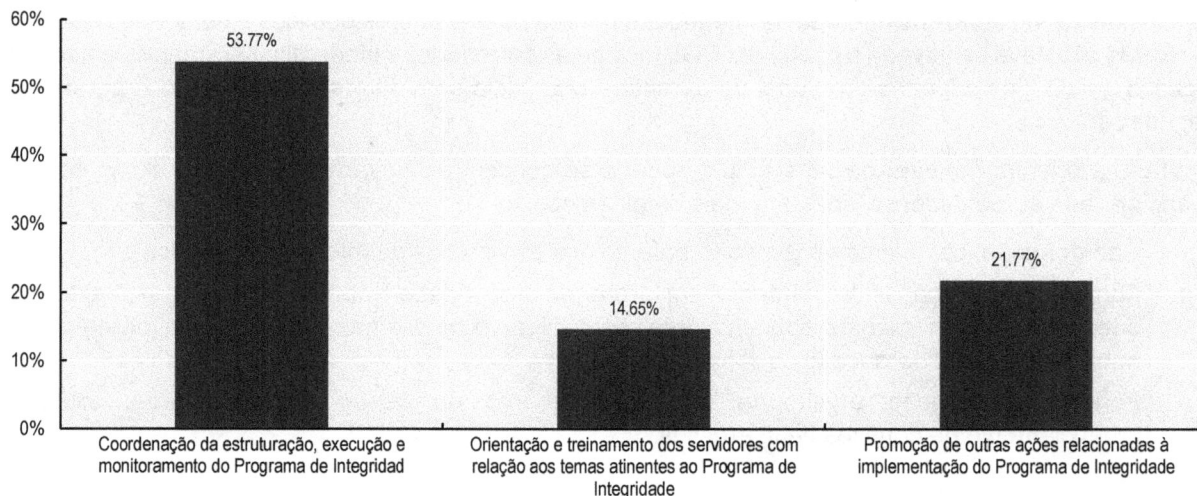

Nota: O questionário da OCDE foi enviado a 35 UGIs, das quais foram recebidas 30 respostas. Para esta figura, 26 respostas puderam ser usadas. A amostra, portanto, não é representativa, mas indicativa, e foi apoiada por entrevistas qualitativas e um grupo focal.
Fonte: Pesquisa OCDE 2020

As três áreas da Portaria nº 57/2019, em particular, as duas primeiras, são certamente competências centrais da UGI e devem ser mantidas. No entanto, a CGU poderia considerar aproveitar a oportunidade oferecida pelo recente SIPEF para revisar e refinar as orientações fornecidas às UGIs e focar o mandato dessas unidades na promoção de uma cultura aberta de integridade organizacional em consonância com a *Recomendação da OCDE sobre Integridade Pública* (OCDE, 2017[2]; OCDE, 2020[3]). As UGIs possuem um papel fundamental na promoção de Programas de Integridade Pública que sejam dependentes do contexto, ou seja, que reflitam as especificidades da respectiva instituição pública, destinadas a alcançar uma mudança real e baseadas nos riscos.

Seguindo a *Recomendação da OCDE sobre Integridade Pública*, tal cultura aberta de integridade organizacional:

- investe em liderança de integridade para demonstrar o compromisso de uma organização do setor público com a integridade
- promove um setor público profissional e baseado no mérito, dedicado aos valores do serviço público e à boa governança
- fornece informações, treinamento, orientação e aconselhamento em tempo hábil para que os servidores públicos apliquem os padrões de integridade pública no local de trabalho
- apoia uma cultura organizacional aberta dentro do setor público, responsiva às questões de integridade e onde dilemas éticos, matérias de integridade pública e erros podem ser discutidos livremente
- aplica um controle interno e uma estrutura de gerenciamento de riscos para salvaguardar a integridade.

Conforme mencionado no Capítulo 1, a existência de uma unidade dedicada na instituição pública não implica que ela deva ser responsável pela execução de todas as atividades relacionadas à própria integridade. Muito pelo contrário, é importante compreender e fortalecer o papel dos agentes "complementares" de integridade interna com funções de apoio essenciais, como gestão de recursos humanos, transparência, engajamento do cidadão ou investigação e sanção de violações de integridade.

Na verdade, garantir um recrutamento baseado no mérito, o desenvolvimento de capacidade geral, bem como a incorporação de medidas de integridade em todo o ciclo de gestão de RH, é uma responsabilidade central das unidades de RH, por exemplo. Da mesma forma, a garantia de respostas adequadas a todas as suspeitas de violação dos padrões de integridade pública por servidores públicos e por todos os demais envolvidos não deve ser levada a cabo pela UGI, mas pelas corregedorias federais. No entanto, em ambos os casos, a UGI desempenha um papel de garantir a coerência com outros elementos do Programa de Integridade.

Como tal, a orientação revisada para a UGI poderia se concentrar, novamente, em três competências essenciais, que serão desenvolvidas em mais detalhes abaixo:

- Coordenação, planejamento e monitoramento dos Programas de Integridade Pública
- Fornecer orientação e treinamento em áreas de integridade pública, incluindo, por exemplo, orientação e treinamentos sobre valores, como lidar com dilemas éticos, desenvolvimento de habilidades para liderança ética
- Fornecer orientação e suporte ao gerenciamento de riscos de integridade, incluindo gerenciamento de conflitos de interesses.

Coordenação, planejamento e monitoramento

Conforme indicado pela Figura 2.1 acima, a UGI dedicou a maior parte do seu tempo e recursos na coordenação e estabelecimento do Programa de Integridade. Na verdade, uma função central da UGI é coordenar esforços em relação à concepção dos Planos de Integridade, liderar a coordenação interna entre as diferentes unidades de integridade e monitorar a implementação desses planos para fornecer ao chefe (autoridade máxima) da instituição um grau de garantia no que diz respeito ao cumprimento das normas e políticas. Isso inclui, por exemplo, alertar a chefia da instituição para a necessidade de fortalecer qualquer uma das áreas relevantes no sentido de garantir uma cultura aberta de integridade.

A coordenação interna é uma tarefa desafiadora e demorada. Figura 2.2 mostra alguns dos principais desafios para uma coordenação interna efetiva. De acordo com as respostas recebidas, confirmadas em um grupo focal realizado com UGIs selecionadas, um dos principais desafios está relacionado ao fato de a maior parte das UGIs não serem unidades dedicadas e terem que desempenhar outras funções, não relacionadas com integridade pública. Esse aspecto será discutido na seção abaixo (consulte também Figura 2.3). Um outro desafio diz respeito à carga administrativa que acompanha a tarefa de coordenação, como a necessidade de buscar a aprovação das hierarquias antes de concordar com metas que comprometam duas ou mais unidades ou antes de assumir compromissos de tempo e recursos. Finalmente, as respostas mostram que a qualidade da coordenação depende muito dos indivíduos que estão presentes nas outras unidades. Com efeito, este último ponto indica a relevância de garantir que as UGIs tenham poder de convocação suficiente para assegurar uma coordenação eficaz, o que deve ser refletido na sua posição no organograma. Novamente, esse aspecto será abordado a seguir.

Figura 2.2. Desafios percebidos para uma coordenação interna eficaz da integridade pública entre UGI selecionadas

(1 = não é um desafio, 2 = pouco desafiador, 3 = desafio moderado, 4 = desafio enorme)

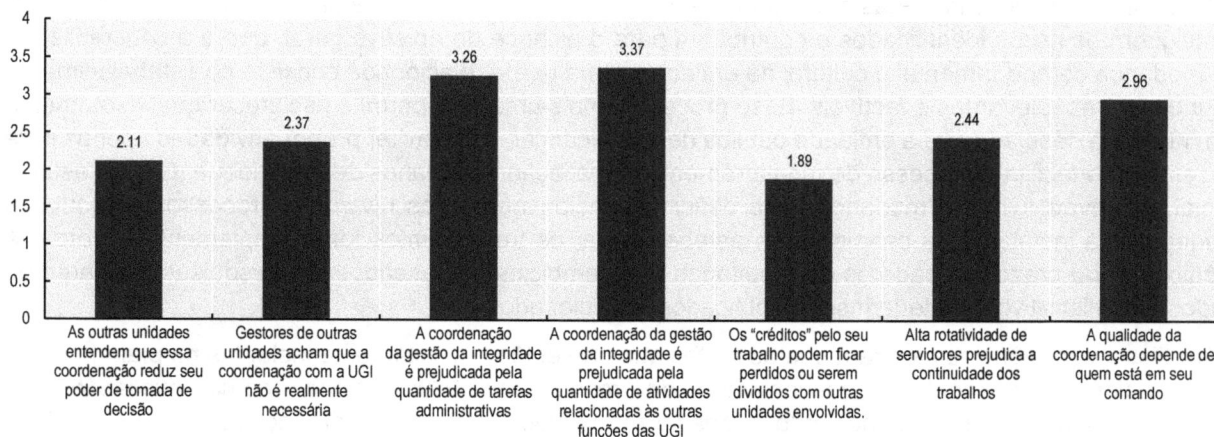

Nota: O questionário da OCDE foi enviado a 35 UGI, das quais foram recebidas 30 respostas. Para esta figura, 27 respostas puderam ser usadas. A amostra, portanto, não é representativa, mas indicativa, e foi apoiada por entrevistas qualitativas e um grupo focal.
Fonte: Pesquisa OCDE 2020.

A função de coordenação é de particular relevância para outra atribuição central da UGI, que é liderar o desenvolvimento de um Plano de Integridade institucional. A relevância transversal da integridade para salvaguardar a realização da missão do órgão ou da entidade pública e os objetivos de suas políticas exigem uma implementação eficaz de medidas de integridade em toda a organização. Para garantir relevância e domínio, a UGI não deve se concentrar tanto no conteúdo dos Planos de Integridade e no que exatamente as outras unidades devem fazer, mas sim promover uma abordagem ascendente (*bottom-up*) por meio de uma metodologia de planejamento interno participativo para desenvolver os Planos de Integridade.

Conforme mencionado acima, 100% das UGIs já aprovaram os Planos de Integridade, mas não está claro em que medida esses Planos foram elaborados de forma participativa. Na verdade, embora o Guia fornecido à UGI destaque que o Plano de Integridade deve responder aos riscos para a integridade identificados e ser aprovado pela autoridade máxima da entidade federal, ele não fornece orientação sobre um processo de planejamento participativo nem enfatiza este aspecto (CGU, 2018[1]). Embora a CGU possa considerar a elaboração de orientações sobre como conduzir esse processo de planejamento e ajudar a construir as competências necessárias (consulte a seção sobre a CGU), as UGIs já deveriam ter como objetivo usar o desenvolvimento dos Planos de Integridade como um instrumento central de coordenação para aumentar a conscientização, criar propriedade e promover a implementação de medidas direcionadas.

Por exemplo, o Guia Anticorrupção Francês enfatiza a relevância de um processo de planejamento participativo para garantir a precisão da avaliação dos riscos de integridade organizacional específicos (Agence Française Anticorruption, 2020[4]). O Guia sublinha que, ao conduzir o mapeamento dos riscos de corrupção, as entidades devem realizar discussões, em forma de oficinas coletivas e/ou entrevistas individuais, com colaboradores de todos os níveis hierárquicos e todas as funções relevantes escolhidas para o comando operacional destes processos. Essas discussões permitem que os participantes expressem livremente suas opiniões e que estas sejam documentadas em relatórios. Momentos como esses têm como objetivo identificar, por processo, os cenários de risco a que a entidade do setor público está exposta em termos de suas atividades e de determinadas linhas de trabalho, de maneira a conceber procedimentos sob medida para gerir de forma mais eficaz esses riscos.

De fato, no Brasil, o Guia CGU enfatiza que os Planos de Integridade deveriam ser baseados em uma análise de risco de integridade, o que constitui uma oportunidade de garantir uma teoria clara de mudança, subjacente às medidas incluídas nos Planos de Integridade. Isso permite identificar medidas que abordem e mitiguem os riscos identificados e contribuam para o alcance do objetivo geral, que é a concretização da mudança comportamental e cultural na entidade. Uma tarefa relacionada consiste no estabelecimento de indicadores relevantes e factíveis. Esse processo, mais uma vez, permite esclarecer qual exatamente é a mudança desejada que a entidade pública deseja alcançar, pode evitar propor atividades apenas para "fazer algo" e facilita o processo de monitoramento e avaliação dos Planos de Integridade. Em um estágio inicial, é provável que a "mudança" seja definida principalmente nos níveis de processo e produto (a unidade está instalada, os canais foram estabelecidos, os treinamentos foram implementados etc.). A médio e longo prazo, indicadores de resultados mais ambiciosos, baseados em pesquisas regulares ou dados administrativos, poderiam ser identificados e adicionados.

Além disso, experiências mostram que as metas que não estão explicitamente incluídas no planejamento organizacional, orçamento e mecanismos de responsabilização interna, como avaliações de desempenho, provavelmente não serão levadas a sério pelos gestores. Embora faça sentido ter um Plano de Integridade separado do planejamento estratégico e operacional "normal" da entidade pública para garantir visibilidade e aumentar a conscientização, os Planos de Integridade devem estar alinhados com o planejamento institucional e incluir responsabilidades claras, objetivos e recursos para garantir a sua implementação.

Finalmente, a coordenação também é um elemento-chave da função de monitoramento da UGI. Na verdade, é importante não confundir monitoramento com garantia de conformidade. O objetivo central do monitoramento é identificar desafios e oportunidades em tempo hábil para orientar decisões e permitir ajustes durante a implementação (OCDE, 2017[5]). Dessa forma, o monitoramento deveria ser sempre entendido como uma contribuição para uma gestão pública eficaz e não ser percebido como um mecanismo de controle que visa denunciar e envergonhar. O monitoramento, portanto, deve ser comunicado claramente como um exercício conjunto para analisar e superar desafios, vinculado ao processo de tomada de decisão e à implementação. Para isso, mecanismos claros e procedimentos para discutir o progresso deveriam ser estabelecidos internamente pelas UGIs, por exemplo, por meio de reuniões regulares para discutir o progresso e os desafios. Tal tarefa requer pessoal especializado com conhecimento sobre planejamento e monitoramento, mas também um bom nível de habilidades diplomáticas e de comunicação. Este é, novamente, um argumento a favor de se ter uma UGI dedicada, onde tais habilidades possam ser cultivadas e onde essa tarefa não corra o risco de ser confundida com outras responsabilidades (não relacionadas à integridade) da unidade que assumiu a incumbência de atuar como UGI. Além disso, a CGU poderia considerar orientar quanto ao processo de monitoramento e auxiliar na construção das competências necessárias, semelhantes às exigidas para a condução do processo de planejamento (ver seção sobre CGU a seguir).

Fornecer orientação e treinamento para servidores públicos sobre integridade pública

Tanto a *Recomendação da OCDE sobre Integridade Pública* quanto a *Recomendação da OCDE sobre Liderança e Competência na Função Pública* enfatizam a relevância de uma cultura orientada por valores e da liderança no funcionalismo público. Os valores fornecem a bússola moral para fazer a coisa certa, constituindo a base para alcançar culturas organizacionais de integridade em todo o setor público e possibilitando um ambiente de trabalho mais inovador, produtivo e, em última análise, também mais ético e humano. Fornecer orientação sobre valores compartilhados e sua relevância para os servidores públicos é, portanto, um aspecto central da promoção da integridade pública (OCDE, 2020[3]).

Uma segunda responsabilidade central da UGI diz respeito à promoção de orientação e formação em matérias relacionadas com o Programa de Integridade, conforme indicado no SIPEF. Em particular, isso significa fornecer orientação *ad hoc*, bem como treinamentos destinados a promover uma compreensão da relevância prática dos valores para o dia a dia de trabalho e para a gestão de conflitos de interesse, e capacitar os servidores públicos para lidar com dilemas éticos.

Atualmente, o Código de Ética Profissional (Decreto nº 1.171/1994) tem sido o principal instrumento de definição de normas de conduta para servidores públicos no Brasil. Além disso, diversos entes federados implementaram seu próprio código de ética e/ou conduta para complementar o Código de Ética Profissional. No entanto, o Código de Ética Profissional é redigido como um documento legal e não se presta a ser útil como uma bússola moral no trabalho cotidiano. Na verdade, pesquisas comportamentais sugerem que um conjunto de valores ou princípios-chave idealmente não deve ter mais do que sete elementos para serem facilmente memorizados (OCDE, 2018[6]; Miller, 1955[7]). Em vez de adicionar outra camada legal, os valores devem, acima de tudo, ser de relevância prática e memoráveis para os servidores públicos, bem como alcançar o nível informal e os aspectos sociais que moldam o comportamento humano. Guiados por essa consideração, países como Austrália e Colômbia revisaram a abordagem dos seus códigos de ética e reduziram significativamente o número de valores (Quadro 2.1). Da mesma forma, o Código do Funcionalismo Público do Reino Unido descreve apenas quatro valores da função pública, na França a Lei 2016 delineia quatro valores fundamentais para os deveres públicos e o "Kodex VII" dinamarquês define sete deveres centrais para orientar os servidores públicos.

Quadro 2.1. Revisão dos Códigos de Ética: As experiências da Austrália e da Colômbia

Revisão dos valores do Serviço Público Australiano (APS)

No passado, a Comissão Australiana de Serviço Público usava uma declaração de valores expressa em uma lista de 15 regras. Em 2010, o Grupo Consultivo sobre Reforma da Administração do Governo Australiano divulgou um relatório, em que reconhece a relevância de uma estrutura de valores robusta e uma liderança baseada em valores para impulsionar o desempenho. O relatório recomendou que os valores da APS pudessem ser revisados, ajustados e tornados mais memoráveis. Os novos valores agora seguem a sigla "I CARE": Imparcial; Comprometido com o serviço; Responsável; Respeitoso; Ético (traduzido do acrônimo em Inglês).

O Código de Integridade Colombiano

Em 2016, o Departamento Administrativo da Função Pública da Colômbia iniciou um processo para definir um Código Geral de Integridade. Por meio de um exercício participativo envolvendo mais de 25.000 servidores públicos empregando diferentes mecanismos, cinco valores fundamentais foram selecionados: Honestidade; Respeito; Compromisso; Diligência; Justiça. Além disso, cada entidade pública tem a possibilidade de integrar até dois valores ou princípios adicionais para responder às especificidades organizacionais, regionais e/ou setoriais.

Fonte: Australian Public Service Commission, https://www.apsc.gov.au/working-aps/aps-employees-and-managers/aps-values ; Departamento Administrativo de la Función Pública, Colômbia https://www.funcionpublica.gov.co/web/eva/codigo-integridad.

Inspirada nessas boas práticas internacionais e com o apoio da OCDE no contexto deste projeto, a CGU liderou em 2020 um processo participativo para identificar os Valores do Serviço Público Federal no Brasil. Após um extenso processo de consulta, os servidores públicos identificaram quais são hoje os sete Valores do Serviço Público Federal (Quadro 2.2).

Quadro 2.2. Os 7 Valores do Serviço Público Federal no Brasil

A Controladoria-Geral da União (CGU), em parceria com a Organização para a Cooperação e Desenvolvimento Econômico (OCDE), conduziu o processo de identificação dos Valores do Serviço Público Federal. A iniciativa foi realizada a partir de uma votação online, por meio da qual servidores públicos federais de todo o Brasil puderam escolher e propor quais valores deveriam nortear a cultura da administração pública federal.

Em outubro de 2020, a CGU lançou a pesquisa online convidando todos os servidores públicos federais interessados em participar. As Unidades de Gestão da Integridade (UGI) foram fundamentais para promover a votação e mobilizar a participação. Nessa primeira pesquisa, 33 407 servidores públicos participaram e propuseram 93.809 valores globais. Em seguida, a CGU, em conjunto com a OCDE, limpou e agrupou os valores indicados pelos servidores para reduzir o número. Os dez principais valores foram selecionados e validados em um processo que contou com a participação de representantes do setor privado e da sociedade civil. Uma segunda pesquisa, com 25.637 servidores participantes, reduziu para sete valores finais, que são: Integridade, Profissionalismo, Imparcialidade, Justiça, Engajamento, Gentileza e Vocação Pública. Cada valor vem com uma breve descrição do que significa, o que possibilitou agregar valores semelhantes que apontam na mesma direção.

A ideia por trás do processo participativo é garantir que os valores representem o que os próprios servidores consideram que deva orientar o seu desenvolvimento pessoal, rotinas de trabalho, competências e clima organizacional. Após o lançamento em abril de 2021, a CGU e as UGIs começaram a trabalhar na promoção dos valores e está previsto desenvolver um conjunto de ferramentas e material de apoio à promoção e aplicação dos valores.

Fonte: OCDE e CGU, mais informações disponíveis em https://www.gov.br/cgu/pt-br/valores-do-servico-publico

---

Esses valores, por sua clareza e relevância prática, fornecem um excelente ponto de partida para promover uma abordagem baseada em valores para a integridade pública no Brasil. A revisão em andamento do Código de Ética Profissional e do Código de Conduta da Alta Administração Federal mencionada no Capítulo 1 oferece uma excelente oportunidade de tornar esses valores a base para uma orientação unificada aos servidores públicos de todos os níveis no que diz respeito à integridade pública.

Além disso, os valores podem ser utilizados pela CGU e pelas UGIs para treinamentos e para orientar na reflexão sobre dilemas éticos, na gestão de conflito de interesses, incluindo como lidar com o nepotismo ou como o servidor deve se relacionar com o lobista, por exemplo. Em particular, a CGU e as UGIs poderiam ter como objetivo promover liderança de integridade nas entidades públicas, por meio da sensibilização e do desenvolvimento de competências para líderes em todos os níveis da gestão pública (OCDE, em fase de elaboração[8]).

Os servidores públicos, em particular, precisam de orientação e apoio sobre como lidar com dilemas éticos. Os dilemas éticos são um desafio fundamental para as políticas de integridade, pois surgem em casos em que não há respostas "certas" ou "erradas" ou em que pode haver conflitos entre diferentes valores ou princípios. Por exemplo, a capacidade de regular, aplicar poder coercitivo e controlar sistemas e processos que têm um amplo impacto na sociedade (por exemplo, defesa, saúde, bem-estar social) cada vez mais confunde os limites entre as organizações do setor público e suas parcerias complexas com outros setores, o que pode levar a dilemas éticos (OCDE, 2020[3]). Na Austrália, por exemplo, o modelo *REFLECT* disponibiliza aos servidores públicos etapas gerais sequenciadas e reflexões sobre como proceder quando confrontados com dilemas éticos (Quadro 2.3). O Brasil poderia ter como objetivo desenvolver uma orientação semelhante, usando os novos valores como bússola moral.

Quadro 2.3. Orientando servidores públicos no enfrentamento de dilemas éticos na Austrália

O governo australiano desenvolveu e implementou estratégias para aprimorar a ética e a responsabilidade no Serviço Público Australiano (APS). Para ajudar os servidores públicos em seu processo de tomada de decisão ao enfrentar dilemas éticos, a Comissão Australiana de Serviço Público desenvolveu um modelo de tomada de decisão.

O modelo segue a sigla *REFLECT* e segue seis etapas:

- Reconheça uma potencial questão ou problema
- Encontre informações relevantes
- Persista na 'bifurcação' (discuta a respeito)
- Avalie as opções
- Chegue a uma decisão
- Tome tempo para refletir.

Fonte: Office of the Merit Protection Commissioner (2009), "Ethical Decision Making", https://legacy.apsc.gov.au/ethical-decision-making

---

Apoiar e orientar a gestão de riscos para a integridade, incluindo a gestão de conflitos de interesse

Implementar a gestão de riscos no setor público é um desafio; implementar gerenciamento de risco de integridade talvez seja um desafio ainda maior (OCDE, 2019[9]). Na verdade, muitos países lutam para implementar estruturas conceituais e promover uma cultura de gestão de riscos para a integridade em entidades públicas. No Executivo federal do Brasil, a gestão do risco de integridade passou a ser obrigatória para todos as entidades públicas federais com o Decreto nº 9.203/2017, constituindo um elemento-chave dos Programas de Integridade Pública, dos Planos de Integridade e agora do SIPEF. Os riscos de integridade são a base sobre a qual elaboram-se os Planos de Integridade. Nessa linha, uma terceira responsabilidade central da UGI, como uma unidade da segunda linha de defesa, é apoiar os gestores públicos na identificação e gestão de riscos para a integridade.

Até o momento deste relatório, de acordo com a plataforma de monitoramento da CGU, 89% de todos os entes federados já haviam realizado uma primeira avaliação de risco de integridade. A CGU fornece uma metodologia para avaliações de risco de integridade, descrita no *Guia Prático de Gestão de Risco para a Integridade* (CGU, 2018[10]). O documento orienta sobre a implementação do gerenciamento de risco de integridade, aumenta a conscientização e fornece etapas concretas de "como fazer", bem como *insights* genéricos sobre riscos de integridade e casos. O Guia reforça a noção de que o gerenciamento dos riscos de integridade é responsabilidade dos gestores. Especificamente, ele exige que os gestores estabeleçam, monitorem e aprimorem os sistemas de gestão de riscos e controle interno. Isso inclui a identificação, avaliação, tratamento, monitoramento e análise crítica dos riscos que podem afetar o alcance dos objetivos organizacionais no cumprimento da missão institucional. No entanto, a avaliação em andamento da CGU sobre as UGIs e a averiguação da OCDE revelaram que a gestão do risco de integridade em entidades federais nem sempre segue a metodologia da CGU e que existem diferenças significativas nos níveis de maturidade e na promoção de culturas de gestão de riscos entre os gestores públicos. A metodologia de gestão do risco de integridade proposta pela CGU, bem como o desafio de promover uma cultura de gestão do risco de integridade são considerados em profundidade em outro relatório da OCDE no contexto deste projeto (OCDE, em fase de elaboração[11]).

Em geral, as UGIs podem desempenhar um papel fundamental na promoção de uma cultura de gestão de riscos para a integridade, tanto por meio da sua competência de fornecer orientação e treinamentos quanto por meio do encargo específico de coordenar a gestão de riscos (ver Quadro 1.4 no Capítulo 1). De fato, os grupos focais com as UGIs, as entrevistas e as respostas à pesquisa da OCDE evidenciaram que a gestão do risco de integridade ainda enfrenta desafios no dia a dia de sua implementação. Embora seja verdade que há um grau de heterogeneidade na maturidade da gestão de riscos para a integridade no Executivo federal, com algumas entidades públicas estando mais avançadas do que outras, há um reconhecimento abrangente de que ainda há um longo caminho a ser percorrido para normalizar a gestão de riscos para a integridade.

Como tal, as UGIs poderiam promover uma melhor compreensão da relevância da gestão de riscos para a integridade e apoiar os gestores na realização de avaliações desses riscos. Essa responsabilidade é fundamental, pois a qualidade dos Planos de Integridade e dos controles internos propostos depende fortemente da qualidade das avaliações de risco de integridade em primeiro lugar. Por um lado, as UGIs devem ser capazes de comunicar claramente a lógica dos riscos de integridade e contribuir para desmistificar o seu conceito e reduzir medos e mal-entendidos relacionados a eles. Por outro lado, as UGIs precisam desenvolver habilidades para tornar as avaliações de risco de integridade as mais simples possíveis para os gestores.

A área de conflitos de interesse constitui um risco característico quando mal-entendidos entre servidores públicos são particularmente frequentes. Claro que gerenciar efetivamente conflitos de interesses representa gerenciar um dos principais riscos de integridade e inclui áreas sensíveis tais como lidar com a contratação de amigos ou familiares, a comunicação com atores externos que possuem interesses pessoais nas decisões, ações ou não ações de entidades públicas ou atividades externas. As *Diretrizes da OCDE de 2003 para a Gestão de Conflitos de Interesse* visam ajudar os países a promover uma cultura de serviço público onde os conflitos de interesse sejam devidamente identificados e resolvidos ou gerenciados, de forma transparente e oportuna, sem inibir indevidamente a eficácia e eficiência das organizações públicas em questão (OCDE, 2004[12]). Os *Princípios de Alto Nível do G20 para Prevenir e Gerenciar Conflito de Interesses no Setor Público* encorajam os países a cultivar uma cultura organizacional aberta no setor público, tomando medidas para promover a identificação proativa e a prevenção de potenciais situações de conflitos de interesse por servidores públicos (World Bank, 2018[13]).

Essencialmente, a eficácia das políticas de gestão de conflitos de interesse repousa no entendimento que os servidores públicos têm sobre o conceito de conflito de interesses e sua capacidade de identificar quando se encontram em tal situação e compreender os riscos relacionados. Sendo assim, semelhante ao desafio de promover uma cultura de gestão de riscos entre os gestores públicos, a gestão de conflitos de interesse requer muito mais do que marcos normativos e ferramentas para apresentar potenciais situações de conflito de interesses. Novamente, as UGIs podem e devem desempenhar um papel fundamental na promoção dessa mudança cultural, o que requer mais do que criar canais para consultas ou exigir que os servidores públicos preencham declarações de interesse.

Para garantir o impacto das UGIs, o Brasil deve considerar harmonizar sua configuração de modo a alinhar sua estrutura organizacional e capacidades com suas responsabilidades

Conforme mencionado no Capítulo 1, a estrutura atual permite que outras unidades possam executar as funções da UGI. Isso significa que a posição da UGI na estrutura de governança interna pode variar e que, normalmente, a UGI é uma unidade onde a integridade acaba de ser agregada a outras responsabilidades existentes. A Figura 2.3 mostra a distribuição das unidades que executam as funções de UGI. Surpreendentemente, 78 dos 186 órgãos e entidades na esfera federal não informaram sua localização na entidade pública. Por várias razões, isso atualmente prejudica significativamente o impacto potencial das UGIs e o desempenho das funções que lhes são atribuídas no SIPEF.

Figura 2.3. Unidades designadas como Unidades de Gestão da Integridade no Executivo Federal Brasileiro

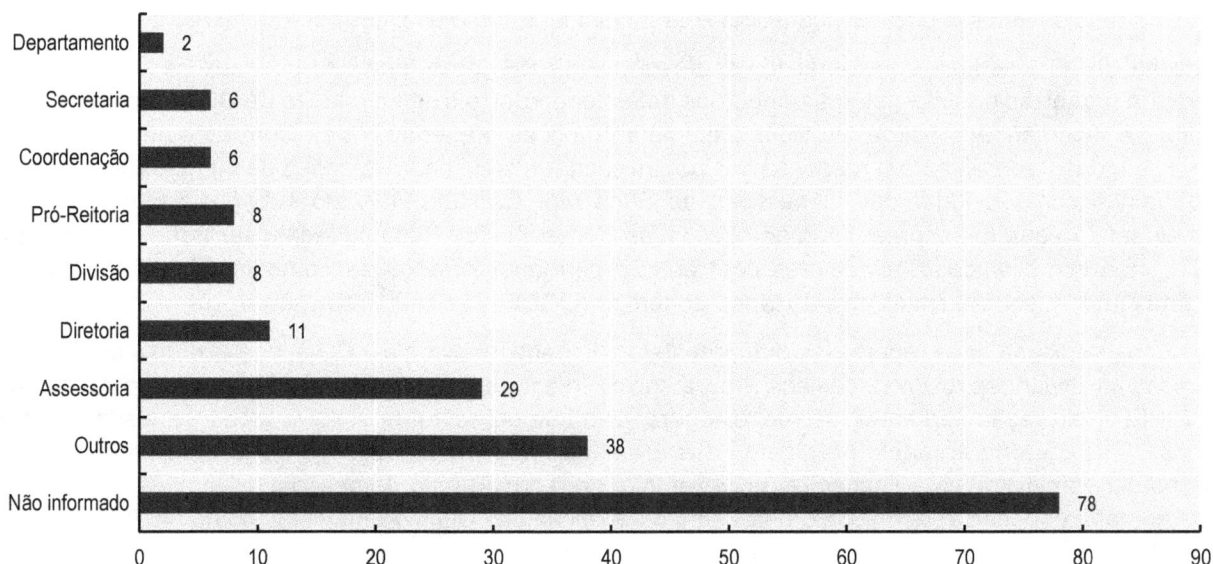

Unidade	Valor
Departamento	2
Secretaria	6
Coordenação	6
Pró-Reitoria	8
Divisão	8
Diretoria	11
Assessoria	29
Outros	38
Não informado	78

Fonte: CGU, dados extraídos de http://paineis.cgu.gov.br/integridadepublica

Em primeiro lugar, conforme mencionado no Capítulo 1, para esclarecer as responsabilidades institucionais e permitir um foco claro na prevenção e promoção de culturas abertas de integridade, as UGIs devem estar separadas de quaisquer funções relacionadas à auditoria ou ao cumprimento de normas (OCDE, 2018[6]). Atualmente, a CGU recomenda que as funções das UGIs não sejam desempenhadas pelas unidades de auditoria interna ou áreas de controle interno, por exemplo. No entanto, na mesma linha, qualquer outra unidade relacionada a políticas de integridade, como as corregedorias federais, as ouvidorias ou as Comissões de Ética, devem ser mantidas separadas das UGIs. Isso também evita potenciais conflitos entre os requisitos para unidades setoriais dos respectivos sistemas federais.

Em segundo lugar, a averiguação da OCDE indica que as próprias UGIs consideram o fato de não serem uma unidade dedicada com pessoal profissionalizado como uma fraqueza. Durante o grupo focal, foi mencionada a necessidade de se ter pessoal profissionalizado e exclusivamente dedicado à integridade. Além disso, enfatizou-se que os colaboradores muitas vezes não possuem as capacidades específicas necessárias para realizar o trabalho e são sobrecarregados por tarefas não relacionadas à integridade, mas que também fazem parte de suas responsabilidades. Percebeu-se ainda que o fato de a UGI não ser uma unidade dedicada reflete a falta de comprometimento das chefias superiores, situação que dificulta o acesso à alta administração. No geral, inferiu-se que o apoio da autoridade máxima se correlaciona com a posição das UGIs na estrutura organizacional. A falta de acesso direto afeta a capacidade de comunicação das UGIs com a autoridade máxima, desempenhando o seu papel de assessora, além de prejudicar o poder de convocação das UGIs para articular o Programa de Integridade com outras unidades, conforme referido anteriormente.

Na verdade, a fim de ganhar credibilidade, o compromisso da chefia da entidade e da liderança sênior, identificado como um componente-chave dos Programas de Integridade Pública e do SIPEF, precisa se refletir na continuidade das políticas de integridade e na alocação de recursos humanos e financeiros suficientes para implementar eficazmente o SIPEF, ultrapassando a mera noção de atendimento de requisitos (Brinkerhoff, 2000[14]). Em particular, a alocação de recursos deve ser proporcional ao perfil de risco de integridade da entidade do setor público. Finalmente, do ponto de vista comportamental, novamente, o fato de as UGIs estarem compartilhando responsabilidades de integridade com outras funções não relacionadas à integridade, reduz a saliência dessa matéria na organização e torna mais difícil para os servidores públicos identificar e associar claramente as UGIs como tal (OCDE, 2018[6]).

Portanto, a CGU poderia considerar tomar o recente SIPEF como uma oportunidade para repensar a estrutura organizacional do sistema dentro dos entes federados e exigir a criação de UGIs dedicadas. Se, conforme recomendado acima, as UGIs assumirem funções preventivas das Comissões de Ética e as Corregedorias Federais forem responsáveis por investigar e sancionar violações de integridade, as UGIs poderiam assumir o lugar das Comissões de Ética (ver Capítulo 1). Visto sob outra perspectiva, e semelhante ao que foi recomendado ao México, as Comissões de Ética poderiam ser transformadas em UGIs, mas como unidades singulares com quadro permanente, onde as competências e habilidades exigidas podem ser desenvolvidas ao longo do tempo (OCDE, 2019[15]; OCDE, 2017[16]).

A unidade dedicada deve reportar-se diretamente ao dirigente máximo e à CGU, que exerce a supervisão técnica das atividades relacionadas aos Programas de Integridade Pública e às UGIs conforme destacado no SIPEF (ver seção seguinte), de modo a garantir o cumprimento de suas funções de alertar para a necessidade de fortalecimento de alguma das áreas de integridade. Adicionalmente, um certo grau de autonomia administrativa e financeira (por exemplo, no recrutamento de pessoal ou através de dotação orçamentária específica) permitiria um trabalho mais eficaz das UGIs. Além disso, como na França, para aumentar a eficácia do trabalho das UGIs, seria útil garantir seu acesso a todas as informações relevantes sobre as atividades das entidades públicas (e, consequentemente, seus riscos associados) e sua capacidade de ter uma influência real sobre os outros departamentos (Agence Française Anticorruption, 2020[4]). Essa autonomia, aliada ao segundo canal de prestação de contas à CGU, ajudará a assegurar certo grau de independência e poder para enfrentar também riscos mais sensíveis e desafios de gestão.

Em resumo, como unidades dedicadas, as UGIs seriam capazes de enfrentar vários desafios e atuais fraquezas identificadas acima e aumentar significativamente sua capacidade de cumprir seus encargos e funções.

Em particular, conforme destacado no Quadro 1.6, no Capítulo 1, isso viabilizaria as seguintes vantagens:

- Promover clareza e visibilidade dentro da entidade federal com relação a quem é responsável por apoiar a promoção da integridade pública. Atualmente, existe o risco de os servidores públicos associarem, inconscientemente, a UGI às demais funções não relacionadas à integridade da área que assumiu o papel de Unidade de Gestão da Integridade. Isso pode dificultar a comunicação clara sobre a integridade pública. Na verdade, a averiguação evidenciou que atualmente servidores públicos e outras áreas dentro das entidades públicas nem sempre compreendem a incumbência e as funções das UGIs. Uma UGI dedicada, por sua vez, seria capaz de desenvolver um perfil claro e uma identidade própria.

- Facilitar a função de assessorar a autoridade máxima, articulando o Programa de Integridade e direcionando o desenvolvimento e monitoramento dos Planos de Integridade. Como já foi mencionado, a tarefa de coordenar requer um certo grau de poder de convocação para solicitar a participação ou informações de outras unidades internas. Isso é mais provável se a UGI for uma unidade dedicada que se reporta diretamente ao chefe da entidade. Por exemplo, no Paraguai, a lei determina que os chefes das Unidades Anticorrupção se reportem diretamente ao dirigente da respectiva instituição.

- Construir os diferentes conjuntos de competências e habilidades necessários para promover uma cultura aberta de integridade pública (coordenação, planejamento, monitoramento, orientação e gestão de riscos para a integridade). Para desenvolver as habilidades necessárias ao longo do tempo e permitir um processo de aprendizagem, as UGIs devem idealmente dispor de um quadro de pessoal efetivo, recrutado como servidores públicos de carreira com vínculo estável. Isso também viabilizaria o desenvolvimento de um relacionamento baseado na confiança entre a equipe da UGI e as equipes das demais unidades da entidade. Isso é imprescindível para uma coordenação eficaz e para que os servidores públicos se sintam à vontade para abordar as UGI sobre quaisquer dúvidas ou preocupações.

As vantagens de estruturar o SIPEF e harmonizar o desenho da UGI não podem desconsiderar o fato de que existem realidades diversas no Executivo federal no que diz respeito ao tamanho das entidades e seus recursos, mas também no tocante aos riscos para a integridade que enfrentam. A criação da UGI deve levar em consideração os recursos existentes e a proporcionalidade para evitar camadas burocráticas adicionais. Portanto, semelhante ao que foi recomendado no México ou no Peru, o Brasil poderia considerar permitir que pequenas entidades tenham UGI menores. Para entidades muito pequenas (por exemplo, com equipe inferior a 100), poderia até ser considerado permitir excepcionalmente um Gerente de Integridade como uma unidade em vez de uma equipe (OCDE, 2019[17]; OCDE, 2019[15]). No entanto, a decisão sobre o tamanho da UGI idealmente não deve ser tomada apenas pela instituição pública. Em vez disso, a CGU poderia apoiar e validar as propostas dos das instituições e, em caso de desacordo, poderia vetar a proposta e impor a configuração que julgar pertinente.

Por fim, embora não estejam cobertas pela obrigação dos Decretos nº 9.203/2017 e nº 10.756/2021, algumas unidades administrativas, devido ao seu porte, complexidade e riscos para a integridade relacionados, poderiam se beneficiar com o estabelecimento de um Programa de Integridade e de uma UGI. Esse é o caso de hospitais federais e demais unidades administrativas vinculadas a um Ministério, tais como a Polícia Federal, a Polícia Rodoviária Federal e a Receita Federal. No âmbito do SIPEF, a CGU poderia, portanto, continuar empenhando-se para fomentar a implantação de Programas de Integridade Pública nessas unidades administrativas. Além disso, a CGU poderia considerar incluir orientações genéricas sobre tais unidades no SIPEF, por meio da revisão do Decreto nº 10.756/2021, e solicitar a implantação de Programas de Integridade Pública nessas unidades administrativas, obedecendo a certas características como porte e riscos para a integridade.

Reforçando o papel da CGU como órgão central do Sistema de Integridade Pública do Poder Executivo Federal

A CGU poderia considerar a revisão das responsabilidades da Diretoria de Promoção da Integridade e da Diretoria de Prevenção da Corrupção para esclarecer suas funções no SIPEF

A Secretaria de Transparência e Prevenção da Corrupção (STPC) da CGU tem desempenhado um papel fundamental na promoção da integridade pública e privada e na promoção da transparência e do controle social na administração pública federal. Além disso, esse órgão propõe e desenvolve medidas para identificar e prevenir situações de conflito de interesses, bem como atua como secretaria executiva do Conselho de Transparência Pública e Combate à Corrupção (CTPCC).

Recentemente, a STPC foi designada como o órgão central do SIPEF com as atribuições de estabelecer as regras e os procedimentos para o exercício das competências das unidades que integram o SIPEF e das atribuições dos administradores para a gestão dos Programas de Integridade Pública. A STPC deve orientar as atividades relacionadas à gestão de riscos para a integridade e realizar ações de comunicação e treinamento relacionadas à integridade, bem como coordenar as atividades que requeiram ações conjuntas da UGI. Como órgão fiscalizador do SIPEF, a STPC exerce a supervisão técnica das atividades relacionadas aos Programas de Integridade Pública geridos pelas UGIs, acompanha e avalia o desempenho das UGIs e deve informar às instituições federadas fatos ou situações que possam comprometer seus Programas de Integridade Pública, podendo recomendar a adoção de medidas corretivas necessárias.

A STPC está atualmente dividida em três Diretorias:

- A Diretoria de Transparência e Controle Social (DTC) é responsável por políticas relacionadas a governo aberto, transparência, educação cidadã e controle social (para uma discussão aprofundada da DTC, consulte a *Revisão sobre Governo Aberto da OCDE* (OCDE, em fase de elaboração[18]).
- A Diretoria de Promoção da Integridade (DPI), que tem uma unidade dedicada à integridade pública e uma unidade dedicada à promoção da integridade no setor privado.
- A Diretoria de Prevenção da Corrupção (DPC), que possui uma unidade dedicada à ética pública e prevenção de conflitos de interesses e uma unidade responsável por inovação e prevenção da corrupção.

Tabela 2.1 fornece uma visão geral das responsabilidades atuais da DPI e da DPC, as quais são as diretorias mais relevantes do ponto de vista da integridade pública e das questões discutidas até agora.

Tabela 2.1. Responsabilidades das Diretorias da CGU para Promoção da Integridade e Prevenção da Corrupção

Diretoria de Promoção da Integridade	Diretoria de Prevenção da Corrupção
<ul><li>desenvolver, apoiar e promover iniciativas para aumentar a integridade nos setores público e privado;</li><li>priorizando iniciativas de promoção de integridade;</li><li>promover, apoiar e divulgar estudos e pesquisas sobre metodologias e ferramentas para fortalecer os sistemas, programas e planos de integridade do Poder Executivo federal e das pessoas jurídicas privadas</li><li>estabelecer diretrizes, recomendações e metodologias relacionadas à implementação, aplicação, avaliação e supervisão de Programas de Integridade Pública.</li><li>estabelecer diretrizes para monitorar Programas de Integridade Pública</li><li>apoiar em questões relacionadas à integridade privada, incluindo conformidade e governança corporativa;</li><li>monitorar a implementação dos Programas de Integridade Pública das entidades públicas</li><li>estabelecer diretrizes para a avaliação dos programas e planos de integridade das entidades federais.</li></ul>	<ul><li>propor a padronização e sistematização de procedimentos e atos normativos relativos às atividades relacionadas com a prevenção da corrupção, ética pública e conflitos de interesse;</li><li>propor e desenvolver medidas para identificar e prevenir situações de conflito de interesses</li><li>promover atividades e estudos sobre conduta ética no Poder Executivo federal;</li><li>formular, promover, implementar e avaliar os princípios, diretrizes, programas, serviços e questões prioritárias relacionadas à prevenção da corrupção</li><li>fomentar, orientar e estimular o desenvolvimento e aprimoramento de soluções, serviços e processos de prevenção à corrupção;</li></ul>

Fonte: Portaria nº 3.553/2019.

O levantamento de dados realizado para este projeto indica que repensar a divisão de trabalho dentro da STPC, em particular entre a atual DPI e a DPC, poderia aumentar significativamente o impacto dessa secretaria, garantindo-lhe coerência e evitando atritos e sobreposições. Na verdade, semelhante às recomendações acima relacionadas ao Sistema de Gestão da Ética e ao Sistema de Integridade Pública, a distinção entre integridade pública, ética pública, prevenção de conflito de interesses e corrupção é conceitualmente obscura e leva a uma falta de clareza sobre responsabilidades, a riscos de mensagens truncadas, mal-entendidos e, portanto, ao potencial desperdício de recursos escassos.

Por um lado, a CGU deve considerar fortalecer a DPI, facilitando as tarefas relacionadas à integridade pública e ao SIPEF sob sua responsabilidade. De fato, essa diretoria se estabeleceu como a unidade que lidera a integridade pública, além de coordenar e apoiar as UGIs. Em consonância com as recomendações no Capítulo 1 e com relação às UGIs, uma separação entre integridade pública, ética pública, gestão de conflito de interesses e gestão de riscos para a integridade não faz sentido e não é útil para fornecer aos servidores públicos clareza conceitual e maior entendimento das responsabilidades de orientação. Desse modo, recomenda-se que esses aspectos sejam agrupados sob a égide da integridade pública e que a DPI lidere o desenvolvimento de políticas e orientações relacionadas.

Por outro lado, a DPC avançou recentemente na promoção de pesquisas e na exploração do emprego de ferramentas inovadoras relacionadas ao uso, à análise de dados, e a projetos de pesquisa em conjunto com a academia. Com base nesses avanços, a CGU poderia, então, considerar fortalecer a atual DPC, expandindo suas capacidades como uma unidade responsável por fornecer consultoria metodológica e de pesquisa para a DPI e a DTC. Isso poderia incluir, por exemplo, a solicitação e a supervisão de estudos, o apoio para a concepção e implementação de pesquisas, a identificação e a análise de dados relevantes, o desenvolvimento de novas ferramentas analíticas e o fornecimento de suporte metodológico para a realização de experimentos e avaliações de impacto. Todas essas áreas requerem habilidades específicas que podem apoiar significativamente o trabalho da DPI atuante da DTC. Além disso, a CGU poderia considerar a alteração do nome da DPC para refletir esse novo enfoque.

Por fim, embora a adoção e o cumprimento das normas estaduais e municipais de anticorrupção e integridade sejam de competência das entidades locais, a DTC da CGU passou a fornecer apoio e orientação aos estados e municípios na implementação das leis federais de combate à corrupção e integridade, controle interno, transparência e acesso a informação (Quadro 2.4). Com efeito, quando as leis federais se referem ao interesse nacional, elas devem instruir a regulamentação em todos os 26 estados, no Distrito Federal e nos 5.568 municípios brasileiros. É o caso, por exemplo, da Lei Anticorrupção (Lei nº 12.846/2013), que dispõe sobre a responsabilidade civil e administrativa objetiva de pessoas jurídicas por violação de normas contra a administração pública e que deve ser implementada pelo governo federal, estados e municípios em suas jurisdições constitucionais. Até dezembro de 2020, 21 Estados já haviam regulamentado a Lei Anticorrupção, parcial ou integralmente. Portanto, a CGU poderia continuar a desenvolver esses esforços para promover uma consolidação que vá além do Poder Executivo federal e atinja estados e municípios.

Quadro 2.4. Apoio da CGU na implementação de integridade e de padrões anticorrupção em estados e municípios

Em 2017, a CGU lançou duas cartilhas para apoiar estados e municípios na regulamentação da Lei nº 12.846/2013 (CGU, 2017[19]; CGU, 2017[20]). Este material faz parte da coleção "Município Transparente", que disponibiliza, em formato digital, publicações que visam aprimorar a gestão dos recursos federais nos municípios. O apoio adicional aos estados e municípios inclui vídeos e eventos de capacitação presencial e virtual sobre conflitos de interesses, nepotismo e gestão de riscos para a integridade.

Em 2019, a CGU também lançou o Programa Time Brasil para auxiliar estados e municípios na melhoria da gestão pública e no fortalecimento do combate à corrupção em três eixos (Transparência, Integridade e Participação Social), em especial, para:

* Reduzir substancialmente a corrupção e o suborno em todas as suas formas;
* Desenvolver instituições eficazes, responsáveis e transparentes em todos os níveis
* Assegurar uma tomada de decisão receptiva, inclusiva, participativa e representativa em todos os níveis

Fonte: (CGU, 2017[20]); (CGU, 2017[19]) e https://www.gov.br/cgu/pt-br/assuntos/transparencia-publica/time-brasil/trilhas

Ao fornecer orientação e suporte, a STPC da CGU é fundamental para potencializar e garantir o impacto do novo Sistema de Integridade Pública do Poder Executivo Federal (SIPEF)

Como órgão central do SIPEF, a relação entre a STPC e as unidades setoriais (as UGIs) é fundamental para o funcionamento do SIPEF. A STPC fornece direções e orientações para as UGIs, mas é importante enfatizar que as UGIs também podem fornecer informações importantes de baixo para cima à CGU (*bottom-up*). Com efeito, as UGIs estão mais próximas da realidade das suas respectivas entidades federadas e, portanto, dos desafios e oportunidades específicas. Para funcionar como um sistema, a STPC deve assegurar o reconhecimento dessa relação de mão dupla, proporcionando às UGIs oportunidades de feedback ao projetar novos regulamentos ou políticas, permitindo um certo grau de flexibilidade a essas unidades na adaptação das diretrizes e orientações emitidas pela CGU às suas realidades e prioridades.

Em sintonia com as recomendações acima destinadas a fortalecer as UGIs, a STPC poderia, portanto, continuar a desenvolver seus esforços atuais para fortalecer as UGIs e se concentrar em particular nas cinco linhas de trabalho principais a seguir.

- **Fornecer orientações, treinamentos e suporte *ad hoc* sobre políticas de integridade.** Em linha com o foco sugerido para as UGIs na promoção de culturas abertas de integridade organizacional mencionado acima, este apoio da DPI poderia se concentrar em:
  - fornecer orientação e desenvolver capacidades sobre como dirigir e coordenar um exercício interno de planejamento participativo
  - construir uma teoria de mudança para evitar uma abordagem tipo checar caixinhas com foco na implementação e no mero cumprimento de uma série de ações sem ter uma visão clara da mudança desejada
  - habilidades e ferramentas para facilitar o monitoramento da implementação dos Planos de Integridade
  - os elementos de uma cultura organizacional aberta de integridade, para fornecer clareza conceitual e coerência em todo o Poder Executivo federal e sugerir maneiras de promover e apoiar a implementação dos diferentes elementos
  - como fornecer aconselhamento e orientação *ad hoc* a servidores públicos que buscam apoio ou esclarecimentos em questões de integridade (por exemplo, orientação sobre como identificar e gerenciar conflitos de interesse, dilemas éticos etc.)
  - como promover culturas de gestão de riscos para a integridade e como usar as informações das avaliações de risco para integridade para informar suas decisões e atividades.
- **Apoiar a gestão de riscos para a integridade das UGIs.** A STPC, ao coletar as avaliações de risco das entidades federais e contar com o feedback das UGIs, pode realizar análises que vão além de entidades individuais (por exemplo, setores, regiões ou processos padrão de alto risco, como compras públicas ou gestão de recursos humanos). A STPC poderia complementar essas avaliações de risco usando dados de outras fontes, realizando análises de dados avançadas e enviando essas informações de volta às UGIs para apoiar e ajustar a própria análise de risco dessas unidades (OCDE, em fase de elaboração[11]). Na STPC, idealmente, a DPI identifica as necessidades e busca suporte para a análise dos dados pela DPC (ou a nova denominação dessa Diretoria).
- **Fortalecer a base de evidências para apoiar as UGIs e o SIPEF**. A STPC poderia identificar dados relevantes de fontes administrativas e pesquisas, além de identificar lacunas onde dados adicionais poderiam ser coletados. Em particular, a STPC poderia considerar o desenvolvimento de uma pesquisa padrão para medir o clima de integridade na entidade pública, incluindo aspectos relacionados à liderança de integridade, para apoiar e orientar as UGIs (OCDE, em fase de

elaboração[8]). Novamente, a parte do conteúdo deve ser conduzida pela DPI com suporte metodológico para o desenho da pesquisa, e análise de dados pela DPC.

- **Continuar apoiando e promovendo intercâmbios entre as UGIs, potencializando novas tecnologias.** A crise do COVID-19 desencadeou e evidenciou as oportunidades e limitações do uso de plataformas de discussão online, videoconferências e webinars. A STPC poderia considerar aprender com este experimento e se preparar para um futuro em que as reuniões presenciais e online coexistirão e poderão ser potencializadas. Em particular, a STPC poderia considerar dar continuidade à sua prática atual de promover a capacitação e o diálogo por meio de webinars. Além disso, as reuniões online regulares entre as UGIs podem facilitar significativamente o intercâmbio de desafios comuns e boas práticas, constituindo uma oportunidade para a STPC receber uma resposta das UGIs.

- **Acompanhar a implantação dos Programas de Integridade Pública e avaliar regularmente o SIPEF.** Semelhante ao papel da UGI no acompanhamento dos Planos de Integridade a nível institucional, a STPC deve continuar monitorando e avaliando os Programas de Integridade Pública, as UGIs e agora, de forma mais geral, o SIPEF. Embora interconectados, é importante distinguir as atividades de monitoramento e avaliação.

  o **Monitoramento** corresponde a um processo rotinizado de coleta de evidências e relatórios para garantir que os recursos sejam gastos adequadamente, os resultados sejam entregues com sucesso e os marcos e metas sejam alcançados (OCDE, 2020[21]). Novamente, aqui é importante que a STPC não confunda monitoramento com controle (OCDE, 2017[5]) e busque promover um diálogo construtivo com a UGI sobre desafios e soluções. Atualmente, a plataforma pública de monitoramento disponibilizada pela CGU (paineis.cgu.gov.br/integridadepublica) tem como foco o estabelecimento de unidades e procedimentos, refletindo as etapas iniciais dos Programas de Integridade Pública. A STPC poderia, portanto, considerar adicionar indicadores que também capturem a qualidade do uso dessas unidades e procedimentos. Além disso, a STPC também poderia considerar estabelecer um mecanismo de monitoramento *interno* para permitir o relato honesto das UGIs, enquanto mantém a responsabilidade para com toda a sociedade por meio de uma plataforma pública com indicadores mais genéricos.

  o **Avaliação**, por sua vez, é uma análise de uma iniciativa em andamento ou concluída, seu projeto, implementação e resultados. As avaliações determinam a relevância e cumprimento dos objetivos, eficiência, eficácia, impacto e sustentabilidade, bem como o valor ou significado de uma política (OCDE, 2020[21]). Assim, a STPC deve dar continuidade à sua boa prática refletida na atual e contínua avaliação das UGIs por meio de levantamentos e entrevistas em profundidade, permitindo um exercício de aprendizagem e um fortalecimento incremental do SIPEF ao longo do tempo.

Finalmente, dado que a CGU também faz parte do SIPEF, como seu órgão central, pode ser interessante considerar uma avaliação externa independente e regular de todo o sistema para identificar e resolver possíveis deficiências do SIPEF. Um estudo recente da OCDE demonstrou que, em geral, os países mostram um forte compromisso com a avaliação de políticas. Alguns países incorporaram avaliações de políticas em suas constituições e cerca de dois terços dos países respondentes desenvolveram algum tipo de estrutura legal para avaliação de políticas. Da mesma forma, a maioria dos países adotou diretrizes de avaliação de políticas aplicáveis em todo o governo (OCDE, 2020[21]).

Referências

Agence Française Anticorruption (2020), *The French Anti-Corruption Agency Guidelines*, [4]
Agence française Anticorruption (AFA), Paris, https://www.agence-francaise-anticorruption.gouv.fr/files/2021-03/French%20AC%20Agency%20Guidelines%20.pdf
(accessed on 20 September 2021).

Brinkerhoff, D. (2000), "Assessing political will for anti-corruption efforts: an analytic framework", [14]
Public Administration and Development, Vol. 20, pp. 239-252,
http://onlinelibrary.wiley.com/doi/10.1002/1099-162X(200008)20:3%3C239::AID-PAD138%3E3.0.CO;2-3/abstract (accessed on 5 January 2015).

CGU (2018), *Guia Prático de Gestão de Riscos para a Integridade: Orientações para a* [10]
Administração Pública Federal direta, autárquica e fundacional, Controladoria Geral da União
(CGU), Brasilia, https://www.gov.br/cgu/pt-br/centrais-de-conteudo/publicacoes/integridade/arquivos/manual-gestao-de-riscos.pdf (accessed on
4 August 2021).

CGU (2018), *Guia Prático de Implementação de Programa de Integridade Pública*, [1]
Controladoria-Geral da União (CGU), Brasilia, https://www.gov.br/cgu/pt-br/centrais-de-conteudo/publicacoes/integridade/arquivos/integridade-2018.pdf (accessed on
17 August 2021).

CGU (2017), *Como Fortalecer Sua Gestão: Lei Anticorrupção e Programa de Integridade*, [19]
Controladoria-Geral da União, Brasilia, https://www.gov.br/cgu/pt-br/centrais-de-conteudo/publicacoes/transparencia-publica/colecao-municipio-transparente/arquivos/como-fortalecer-sua-gestao-lei-anti-corrupcao-e-programa-de-integridade.pdf (accessed on
24 August 2021).

CGU (2017), *Sugestões de Decretos para a regulamentação da Lei Anticorrupção em* [20]
Municípios, Controladoria-Geral da União, Brasilia, https://www.gov.br/cgu/pt-br/centrais-de-conteudo/publicacoes/transparencia-publica/colecao-municipio-transparente/arquivos/cartilha-sugestoes-de-decretos-para-a-regulamentacao-da-lei-anticorrupcao-nos-municipios.pdf (accessed on 24 August 2021).

Miller, G. (1955), "The Magical Number Seven, Plus or Minus Two Some Limits on Our Capacity [7]
for Processing Information", *Psychological Review*, Vol. 101/2, pp. 343-352,
http://www.psych.utoronto.ca/users/peterson/psy430s2001/Miller%20GA%20Magical%20Seven%20Psych%20Review%201955.pdf (accessed on 24 January 2018).

OCDE (2020), *Improving Governance with Policy Evaluation: Lessons From Country* [21]
Experiences, OECD Public Governance Reviews, OECD Publishing, Paris,
https://dx.doi.org/10.1787/89b1577d-en.

OCDE (2020), *OECD Public Integrity Handbook*, OECD Publishing, Paris, [3]
https://dx.doi.org/10.1787/ac8ed8e8-en.

OCDE (2019), *Follow up report on the OECD Integrity Review of Mexico: Responding to citizens'* [15]
expectations, OECD, Paris, https://www.oecd.org/gov/ethics/follow-up-integrity-review-mexico.pdf (accessed on 19 August 2021).

OCDE (2019), *La Integridad Pública en América Latina y el Caribe 2018-2019: De Gobiernos reactivos a Estados proactivos*, OECD, Paris, https://www.oecd.org/gov/ethics/integridad-publica-en-america-latina-caribe-2018-2019.htm. [9]

OCDE (2019), *Offices of Institutional Integrity in Peru: Implementing the Integrity System*, OECD, Paris, https://www.oecd.org/gov/ethics/offices-of-institutional-integrity-peru.pdf (accessed on 19 August 2021). [17]

OCDE (2018), *Behavioural Insights for Public Integrity: Harnessing the Human Factor to Counter Corruption*, OECD Public Governance Reviews, OECD Publishing, Paris, https://dx.doi.org/10.1787/9789264297067-en. [6]

OCDE (2017), *Monitoring and Evaluating Integrity Policies*, Working Party of Senior Public Integrity Officials GOV/PGC/INT(2017)4, Paris. [5]

OCDE (2017), *OECD Integrity Review of Mexico: Taking a Stronger Stance Against Corruption*, OECD Public Governance Reviews, OECD Publishing, Paris, https://dx.doi.org/10.1787/9789264273207-en. [16]

OCDE (2017), *Recomendação do Conselho da OCDE sobre Integridade Pública*, https://www.oecd.org/gov/ethics/integrity-recommendation-brazilian-portuguese.pdf. [2]

OCDE (2004), "OECD Guidelines for Managing Conflict of Interest in the Public Service", in *Managing Conflict of Interest in the Public Service: OECD Guidelines and Country Experiences*, OECD Publishing, Paris, https://dx.doi.org/10.1787/9789264104938-2-en. [12]

OCDE (em fase de elaboração), *Behavioural Insights for Public Integrity: Strengthening integrity leadership in Brazil's federal executive branch*, OECD Publishing, Paris. [8]

OCDE (em fase de elaboração), *Modernising Integrity Risk Management in Brazil*, OECD Publishing, Paris. [11]

OCDE (em fase de elaboração), *Open Government Review of Brazil*, OECD Publishing, Paris. [18]

World Bank, O. (2018), *G20 Good Practice Guide: Preventing and Managing Conflicts of Interest in the Public Sector*, Prepared at the request of the G20 Anticorruption Working Group by the World Bank, OECD and UNODC, https://www.unodc.org/documents/corruption/Publications/2020/Preventing-and-Managing-Conflicts-of-Interest-in-the-Public-Sector-Good-Practices-Guide.pdf (accessed on 26 January 2021). [13]